不登校 ひきこもり支援 のための ポジティブ心理学

Positive Psychology for Supporting School Refusal and Social Withdrawal

＋

子どもや若者、そして保護者のウェルビーイングに向けて

Toward the Well-being of Children,Young People,and Parents

横内弥生
Yayoi Yokouchi

アルテ

はじめに

この本を手に取ってくださったあなたに、こころからの「ありがとう」をお伝えします。この本の読者を、「不登校やひきこもり」と言われる状態の当事者かその経験者、それらの方のご家族や支援者と想定して書き進めようと思います。

この本はアルテの市村社長からお声をかけていただいて誕生することになりました。「不登校・ひきこもり支援のためのポジティブ心理学」について書いてほしいと依頼があったのです。私は一介のカウンセラーです。相談相手にそういった方々は多いものの、研究者でも不登校の専門家でもないので、とても私には書けないと思いました。子育てや職場のメンタルヘルスに活かすポジティブ心理学というテーマでなら研修講座を担当した体験から書けそうという返事をしましたが、やはり今一番困っている人のために書いてほしい、ということで本書ができました。私自身もそういった方々の変化のきっかけになりそうなメッセージが込められるならやりがいのあることと考えをあらためまして、難しい課題に挑戦することにしました。

ポジティブ心理学とは、ネガティブをポジティブにするための心理学と思われがちですが、そうではありません。今までの心理学がうつ病などネガティブな状態の研究に偏り、ネガティブな状態にどう対処するか、どう治療するかということに焦点を当てていたのに対して、人の幸福やウェルビーイング（Well-being）というポジティブな状態に焦点を当て、ポジティブな人のあり方について科学的な研究を積み重ねてきた心理学と言われています。

ですから、不登校やひきこもりをネガティブな状態であると規定して、その改善のためにポジティブ心理学を適用しようとするのは、ちょっと矛盾をはらんだ言い方になります。不登校も社会的なひきこもりも人生の一部分であり、頭から否定するべきネガティブな状態であるとは、本書では考えて規定していません。困っている人がいて困っていることに直接手を差し伸べて助けるというイメージではなく、困っている状態をわきに置いて、そこをフラットな状態として、ポジティブ心理学が伝えるウェルビーイングな生き方に触れてみてほしいと思います。

障害を理解するために、二つの主要な概念モデルがあります。医学モデルと社会モデルという考え方です。医学モデルでは、障害は克服するべき課題であり、治療して治すべき課題であり、当事者の中にその原因があるという考え方です。社会モデルでは、障害は社会の側の障壁（バリア）によって引き起こされたものであるという考え方です。不登校・ひきこもりについても、社会モデルで考える視点も持ちたいと考えます。実際にはどちらか一方のモデルで説明しきれるものではありませんし、ウェルビーイングということを考えるなら、その両方を合わせた統合モデルで考えたほうが良いと思います。心身医学では、バイオ（生理）‐サイコ（心理）‐ソーシャル（社会）モデルという考え方があります。

また、世界保健機関（ＷＨＯ）の国際生活機能分類（ＩＣＦ）では、障害のある人ばかりでなくすべての人に対して、環境因子と個人因子を合わせて考え、心身機能、活動、参加の面から健康状態を見ていこうとする考え方があります。「不登校・ひきこもり」の人のあり方を総合的に考えるうえでは、この視点も大切であると思います。ポジティブ心理学の立場からは、心身機能に関して説明できる理論を寡聞にして知らないのですが、本書ではストレスに関する理論やポリヴェーガル理論の知見を引用して、本文とコラムの中で少し説明を加えることを試みたいと思います。

この本の構成について説明します。第一章として、最近の相談事例から心身機能の面について気になる事例をいくつか紹介し、コラムでストレス理論を紹介します。第二章ではポジティブ心理学が生まれる端緒となった学習性無力感について述べます。第三章はポジティブ心理学が誕生当初に目的としていた、幸福（ハピネス）について述べます。第四章では現在のポジティブ心理学がテーマとするウェルビーイングとポジティブ心理学の生みの親であるマーティン・セリグマン博士が提唱するＰＥＲＭＡ（パーマ）理論について述べます。第五章では、「徳性としての強み」について述べます。

第六章ではレジリエンスについて考察します。研究の成果から編み出されたエクササイズ（練習問題）や考え方を紹介します。読者の皆さんも日常生活に取り入れていただいて、その効果のほどを感じていただければ幸いです。当事者はもちろん、親も、教師も、セラピストもまずは自分のウェルビーイングの向上を感じてほしいところです。第七章ではネガティビティについて考えます。第八章では、一章での問題提起を受けて、安全感と社会的なつながりについてポジティブ心理学の知見とポリヴェーガル理論の知見を総合してまとめます。不登校やひきこもりの先にあるものとして、第九章では、愛と希望について簡単にふれたいと思います。

この本全体を通して読んでいただくだけでなく、気になったテーマについて書いてある章を繰り返して読んでいただきたいです。その章に採り上げられているエクササイズなどに改めて取り組んでみてください。すべてのエクササイズを同じ熱心さで取り組むことは難しいかもしれませんが、「気になったこと」は、何かをあなたに知らせてくれているのではないかと思います。知ることは力になります、体験することはさらに深い変容をもたらしてくれます。読むことを通して体験に誘う一歩になるようにと願って、本書を記しました。

本書が、「不登校」や「ひきこもり」の状態に悩んでいる子どもや若者などの当事者や家族、学校や相談室、フリースペースなどで支援する人たちにとって有意義なものとなるようにと願っています。ポジティブ心理学の知見が、ネガティブとポジティブの両輪から日々の生活を見つめていくヒントとなり、全体性の回復に役立ちますようにと願っています。

目次

第一章　不動化するからだ

深刻な不登校問題

文部科学省の調査によると、令和三年度における小・中学校の不登校児童生徒数は約二万五千人と発表されています[1]。これは、九年連続で増加し過去最多の数ということです。さらに不登校の児童・生徒が増えることが懸念されています。平成二八年度の「不登校児童生徒への支援の在り方について」によると「不登校は、取り巻く環境によっては、どの児童生徒にも起こり得るものとして捉え、不登校ということだけで問題行動であると受け取られないよう配慮し」とあります[2]。その通知文書が出てさらに令和の時代に入っても児童生徒数の減少する中、不登校の児童生徒の増加傾向が続いているということです。不登校は、どの子にも起こり得ることと、言葉や頭でわかっていても、一人一人の子どもと親にとっては、大きな葛藤を引き起こし深刻に悩み続けてしまう事象であることは間違いありません。日々、不登校当事者やその保護者の相談に応じているカウンセラーである私にも、この問題の深刻さは肌身に迫ってきています。

深刻さの背景にあるのは、一つには私たち日本人の骨身に沁みた「学校は行くべきもの」という観念が、「それは問題だ」とささやき続けてくるからですが、もう一つは不登校になった子どもたちの心身の様子から「これはどうしたことか？　いったいどうして？」と問題視せざるを得ない姿を見るからでもあります。

カウンセリングルームからみた親子の姿

まずは、カウンセリングルームに相談に見えた不登校の子どもさんたちの姿をご紹介します。事例は全てフィクションです。名前も仮名です。個人が特定されないように、個人情報の部分は改変されたり複数名の事例を合わせたりして、編集し直されていることをお断りいたします。真実は細部に宿るといいます。感情や行動（言動）、体に現れた様子を、読み取っていただきたいと思います。

【事例1　洋さん（小三）】コロナ一年目は、入学はしたものの四月から授業がなく、家で母が必死にひらがなを教えようとしたが、次第に反抗し暴れるようになった。年下の弟にも、昔は可愛がっていたのに、今はついてくるなと暴力を振るうようになった。「弟ばかり可愛がっている。弟には優しい」と母に強く言うが、母としては「自分にはそのつもりはない」と言う。平仮名だけは覚えさせないといけないと必死になっているのがいけないのかと思うが、学校からはプリントが渡されるので、やらせるしかない。六月からリアルな登校が増えたが、学校から連絡が来て学校に行っていないという日もあった。夫婦で必死に探して、公園の植え込みに隠れている姿を見つけたときには涙が出た。しばらく行き渋りが続き、しかたなく学校までついて行って学校に入るまで見届けてから出社していた。両親ともに対人支援の仕事なので在宅ワークにはならない。出社時間を遅らせてもらっているのもストレスだが、子どもの暴力・暴言が辛いと泣き崩れたのが最初の相談であった。その後少し落ち着いて、「担任の先生はやさしい」と言い学校に行けるようになり、ほっとしたとのことで相談はいったん終結した。ところが、三年生になってクラス替えがあり少し怖めの男の先生が担任になり、行き渋るようになった。真面目な性格で勉強も生活も頑張っていて本人が叱られるようなことはないはずなのだが、どうしたことか？と再来された。小三の一年間は、無理強いはせず、行ったり行かなかったりを見守っている。母は来談を重ねているうちに、心の落ち着きを取り戻してきた。「実は、自分も不安の強い性格で……」と今はご自身のための相談となっている。

【事例2　琴乃さん（中三）】　小学校高学年の頃より学校への行き渋りがあったが、同じクラスに近所の幼馴染みがいて、いっしょに登下校することで、登校できる日もあり出席と欠席がまだらな状態であった。行ける日は朝から行けるが、行けない日はまず、朝起きられないし、洗面や着替えもする気にならないまま、一日中ベッドで過ごすこともあった。中学校に進学すると、その幼馴染みとクラスが別になり、部活も別になることから登下校で一緒になることも少なくなった。一回目の緊急事態宣言で学校に行かなくてもよくなってオンラインでの授業はかえって気が楽になる感じであったという。宣言解除後もなんとなく体が重くて登校に気が乗らないまま休んでいた。母に強く勧められて、一学期末に登校してみたが、だれとも言葉を交わすこともない時間を過ごし、学校にいる間、体中が固くなっていて、頭が真っ白になっていたという。以後一年間自宅にひきこもっていた。スマホを買ってもらってからは、SNSやゲームをする時間が増えてきたし、「楽しいと感じることもあるが、昼夜逆転しどうしても朝起きられないし、自分のクラスに入れない」と語る。口調は抑揚があまりなく少し硬い感じである。「小学校から一緒の子もクラスに何人かはいるが、クラスの友だちが学校を休んでいることをどう思っているか、悪口を言われているに違いないと思うと教室には行けない」。今は週二回別室登校をしている。一〇時から行って一時間ばかりいて、その時渡されたプリントなどをやっているけど、そこにいる先生ともうまくいっていない。「教室に少し行ってみる?と毎回言うのがうざい」と、初めての面接で語っていた。彼女は中三の夏、母に伴われてカウンセリングルームを訪れた。母は、「無理に学校に行かせようとは思わないが、このままでいいとも思わない。中学校は何とか卒業したとしても、そのあとどうしてよいかわからない。もうこのまま、ずっとひきこもっているのではないか、どんな将来になるかと思うと夜もゆっくりは休めない」と苦悩を語るのであった。

【事例3　紗香さん（中二）】緊急事態宣言一年目は小六。中一の最後の頃に相談に訪れた。学校には行っているという。この一年間、学校で一言も話したことがないという。できたら二年になったら話をしたい。友だちはいらないが、必要な時には声を出したい。場面ごとのテンプレートを作るのを手伝ってほしいとのことであった。前髪がパラリと額にかかり、眉や目がよく見えない。鼻と口元はマスクでおおわれているので、顔のほとんどが隠れている。カウンセラーと目を合わせることなく前髪越しにそのようなことを語る声はかなり小さい。

【事例4　健斗さん（中二）】 小一の時から学校嫌いだったという。小三の時の担任はやさしかったので何とか通えたが、小四からはパタリといけない日が増えてきた。コロナ初年度の小五の時には完全不登校となり、来談された。「学校の前を通るのも嫌。保健室も放課後の職員室にも絶対に行かない」という徹底ぶりであった。学校で何があったかを一切語らない。「覚えていない。友だちはいない。いらない」という。カウンセラーとも話すことはないというスタンスであるが、自分の好きなアニメやアイドルの話なら、たくさん語ることができる。アニメのストーリーばかりでなく、作家や作品の評価も交えて、とても小学生が語るような語彙ではなく、まるで評論家のような語り口で話すのだが、その話が興味深くてカウンセラーはただただ感心して聴いている。アニメは今の作品より、少し古い時代の作品が好きと言う。カウンセラーも知っている作品についての批評には「なるほど」と思う。一転、「体調はどう?」と声をかけると「お前に関係ないだろう」とまるでそっけなくなる。

【事例5　香織さん（高二）】 カウンセリングルームに来た時には青白い顔で無表情。乱れた髪を一つに束ねていた。「母に無理やりに引っ張ってこられた」とのこと。「何も覚えていない」ということであった。以下の経過は少しずつほぐれてきた中で、本人が話したことと母が話したことを合わせたストーリーである。中三の夏休みの宿題がやり通せなかった。その前のコロナで自宅学習の時の宿題も終わっていないのに、夏休みの宿題がどっちゃりと山のように出された。元々宿題は嫌い。先延ばしする癖はずっとあった。都内私立進学校の中学部に通っていたが、内部進学はできないと言われてかえってほっとした。このまま休めると思って……。でも親はそうでもなかったみたいで、学校に「行け行け」とうるさくて、ゆっくり休めた感はなかった。大喧嘩しながら塾にだけは行かせられていたけど、塾の勉強も大してしなかった。高校受験もしたが全て不合格で、結局通信制の高校に入学した。高一の時のことは全く覚えていない。そこからは本当にもう、体が動かなくなって寝たきりになってしまった。母は「この子はもうダメです。将来はありません。私は一生この子を食べさせるために働くのかと思うと私の将来もありません」と絶望的な表情で語る。

【事例6　一郎さん（高三）】 高校生活の三年間がまるまるコロナ禍の時代。入学はしたもののすぐに緊急事態宣言で家庭学習になった。友だちを作ることもできなかった。オンライン授業では手を挙げて発言をすることは出しゃばっているようで、求められてもできなかった。マスク越しの友だちの顔も分からず、たまに通学しても誰とも話をしないで一日を過ごすことが多かった。中学時代は部活もテニス部で、そこそこ頑張っていたが、高校一年では、入部し損ねてしまった。知り合いがいなかったことが大きいと思う。自分から何かしようとするのが苦手。高二になってバドミントン部に入ったが、もうみんなペアができていた。自分はいつもペアが休みでいない人の相手をさせられていて面白くなかったので、部活も休みがちで、いつの間にか退部になっていてほっとしたのか、ただただ寝続けていた。通信制の高校に転学して一年遅れて卒業したが、実日数不足で親が呼び出されてばれてしまった。それでかえって家で休むことができるようになった。ただ、コロナ禍だったので、コロナ感染不安なのでと親が届け出てオンライン授業を受けて出席扱いになり、テストだけ受けることも可能で進級はできた。高三になるとコロナ感染が蔓延しても緊急事態宣言とはならず、学校でのリアルな授業に参加する形が中心になってきた。元々運動も勉強も嫌いではなかったのに、気がついてみたら独りぼっちでいることに耐えられなくなって、オンラインでも参加せず、学校にも行かなくなってしまった。大学をどうするかという話が進んでいる。自分はまじめな性格と思う。学校とはなんだ？　なぜ勉強するのかと考えると、それらが解決しない限り、何かをしようとする意欲がわかない。心も体も固まっていると思う。カウンセリングには、とにかく家を出ることを目的に通っているが、生きる意味がつかめないので、この先何もできないと思う。生きていても仕方ないと思うこともあると語る時には、涙がにじむこともある。

【事例7　夢さん（浪人生）】高二の時、友だちと喧嘩をした。陽キャ（明るいキャラクター）の仲間八人で楽しく過ごせていると思っていたが、ディズニーランドに着ていく服のことでもめて、みんなから責められた。それ以来学校に行っても無視され続けた。仲間内のことだったはずなのに、気がついたらクラスで口をきいてくれる人は一人もいない状況になっていた。あまりに苦しくて学校を休み始めた。初めは親には打ち明けられず、図書館などで過ごしていたが、出席日数不足で親が呼び出されてばれてしまった。それでかえって家で休むことができるようになってほっとしたのか、ただただ寝続けていた。通信制の高校に転学して一年遅れて卒業したが、実質学校の勉強はあの時以来やっていない。将来のことを考える気持ちになれなくて、ずっと家にいてゲームの世界と韓国アイドルの推し活にはまった生活をしていた。はじめ近所の精神科クリニックに行って薬をもらって飲んでいたが、何もやる気は起こらなかった。母がここのカウンセリングルームを見つけてきた。特に話したいことはないけど……と言いながら好きなＢＴＳのグッズを買ってもいいというニンジンと引き換えにここに来ている。自分の休みはコロナには関係ないと思うとのこと。だらだらと二年間ひきこもりを続けてきた。ところが転機が訪れた。中学時代の友だちから、「成人式で会おう」と言われて現実に気がついた。もう二〇歳になっている。みんなは大学や専門学校で学んでいるか働いている。「私には何もない」と涙を流しながら語った。そこから大学への進学の気持ちを固めて成人式には「受験生」として出席した。四月から大手予備校に入学して受験勉強を始めた。勉強の中身が分からず、必死で予習をして追いつこうとしたが、体が動かず遅刻したり欠席したりして、また高校の時のように親に無断で休むようになった。医療にもかかり薬も使いながら、後半は個人塾に移り、自分に合わせた勉強が少しずつできるようになって、受験までこぎつけ合格した。不登校になる前の高校のレベルで考えたら、行けるはずの大学よりかなり偏差値の低い大学だが、自分はそれでも仕方ないと思っている。それよりも、大学で友達ができるかが今一番の心配。年上と言うことがばれたら、馬鹿にされるんじゃないかと不安を語る。

以上、いくつかの代表的な事例を紹介しました。共通して読み取れるのは、きっかけが何であろうが、学校に行けない人の体には似通った雰囲気があるということです。それは行こうとしても体が動かなくなってしまうということのようです。また、どうしても行けなくなってしまった当時のことをよく覚えていないと言います。それからしばらくしても、夢の中の世界のように、現実感なく薄らぼんやりした記憶の中で過ごしているらしいということでもあります。アニメやゲーム、SNS上の動画や推し活（好きなアイドルを応援する活動）などリアルでないファンタジーのような世界のできごとについては語ることができるのですが……。

このような体を、わたしは「不動化したからだ」と呼びたいです。「令和三年度 児童生徒の問題行動・不登校等生徒指導上の諸課題に関する調査結果」によると、不登校の要因として挙げられているのは、「無気力・不安」が小学校で約四万人（四九・七％）、中学校で八・一万人（四九・七％）、全体で一二・一万人（四九・七％）でした。不登校の原因としていじめをあげた回答は少ないのですが、それをそのまま「そうですか」というわけにはいかないと考えます。同調査ではいじめの認知件数も報告されました。二〇二一年度のいじめの認知件数は六一万五三五一件。前年度比九万八一八八件（一九％）の増加となっています。緊急事態宣言初年度は学校にいく日数も少なく、一時的にいじめの増加傾向は止まり、減少に転じたかに見えましたが、令和三年度には、再び増加しています。さらにいじめの重大事態の発生件数は七〇五件。前年度より一九一件増加しています。いじめがもっとも多かったと報告されている学年は小学二年生（一〇万九七六件）、次いで小学一年生（九万六一四二件）、さらに小学三年生（九万四七八一件）と続くなど、小学校低学年で顕著でしたが、これは、小さいからこそ、「いじめられた」と訴えることができたとみることもできます。相談場面の実感では、「いじめられているわけではないけど……」と言葉を濁していた人が、カウンセラーとの関係が落ち着いてくると、「独りぼっちだった」「無視された」「笑われた」「SNSで悪口を言われた」ということを語ります。たかが、独りぼっちと言ってはいけないのです。それこそが、約半数の子が原因にあげる「不安や無気力」の背景にあるものかもしれないと考えるのです。

従来から指摘されていた「よい子の息切れ型（情緒混乱型）」の事例には、私のカウンセリングではあまり出会いません。コロナ感染の不安を大人も子どもも基底に持っていることも無気力・不安の背景にあるのではないかと考えられます。ストレスによる交感神経の亢進（闘争・逃走反応 Fight or Flight）によってがんばり続け、疲弊（エネルギー切れ）して不登校に至るというよりは、いきなりの不動化のようにも見えます。そう考えると、現在ホットな話題を呼んでいる「ポリヴェーガル理論」を援用して、そのような事態を読み解くことも意味のあることではないかと考えられます。

不登校・ひきこもりの背景として、従来、ストレス学説（ハンス・セリエ博士）で説明されてきました。ストレッサー（ストレス刺激）を受けた生体は、生体内の環境を一定に維持するホメオスタシス（生体恒常性）が乱れ、全身に（非特異的に）「汎適応症候群」が起こると説明されています。生体は環境からくるストレスを危険であると認識すると、自律神経の中でも交感神経が緊張し「逃げるか闘うか」として、生体内にストレス反応が起こると説明されています。さらに、セリエによると、ストレスを受けてからの時間経過とストレスへの適応状態について、「警告反応期」「抵抗期」「疲憊《ひはい》期」と続くとされています[3]（詳しくはコラムⅠ参照）。

図1-1　延髄の核から出る迷走神経

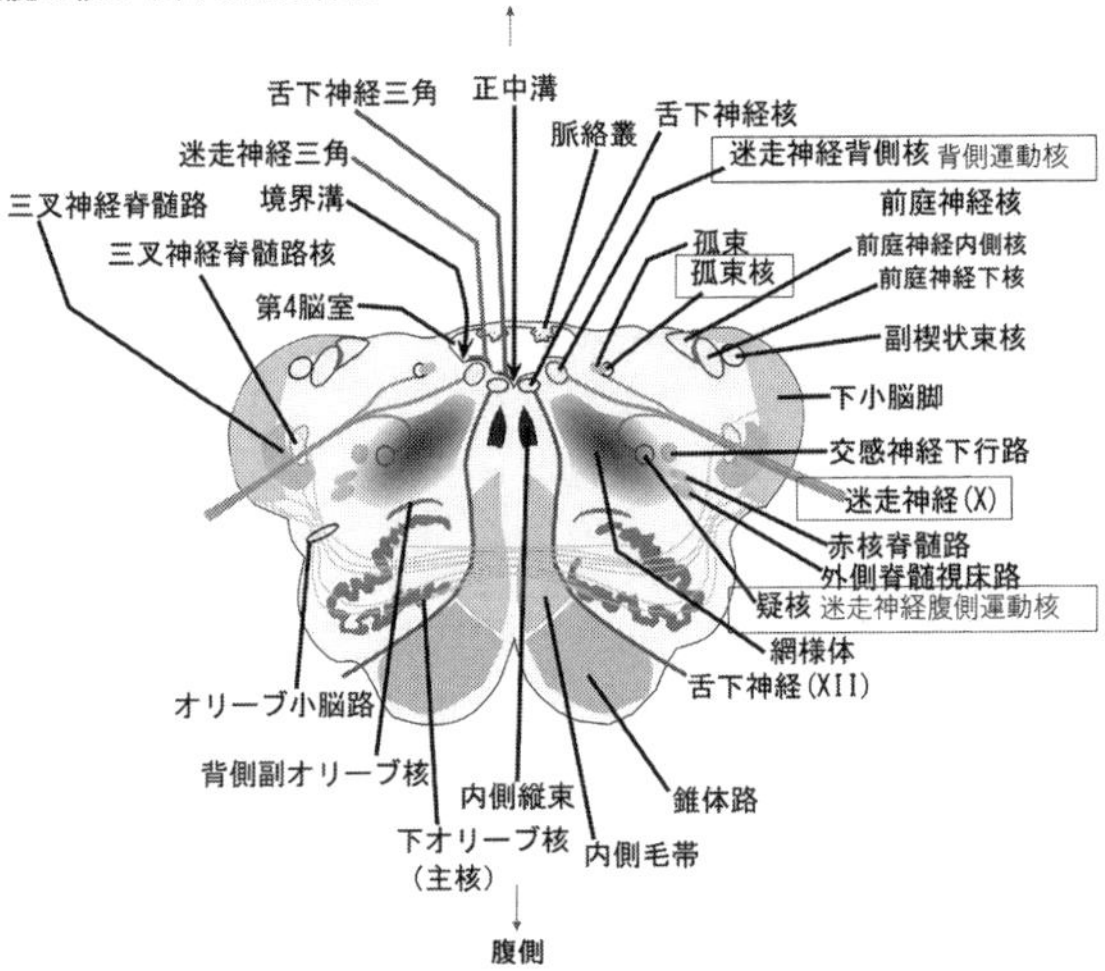

ウィキペディア（Wikipedia）「延髄」に一部加筆修正

一方で、アメリカの精神生理学者スティーブン・ポージェス博士による「ポリヴェーガル（多重迷走神経）理論[4]」では自律神経は三種類あるとされ、交感神経のほかに、副交感神経の八〇%にあたる迷走神経の役割とはたらきについて新たな提案をしました。迷走神経は、哺乳類では脳の中で出所が違う二種類があるのです。延髄という脳の組織の中で、お腹側からでている迷走神経を腹側迷走《ふくそくめいそう》神経とよび、延髄の背中側から出ている迷走神経を背側迷走《はいそくめいそう》神経といいます（図1-1）。

目の前の状況を危険と感じると、交感神経系が活性化し、自分が動いて能動的に環境を変えようとします。その典型が「闘争・逃走反応」です。ところがもっと危険で生命の脅威というくらいになると、背側迷走神経系が活性化し、自分はもう動かずに受動的に環境が変わるのを待つという「不動化」の反応が生じます。不動化とは、凍りつき（例：ネコの前のネズミが体を硬直させることなど）やシャットダウン（例：動物の死んだふりや人間の失神など）からなります。闘争（Fight）・逃走（Flight）・凍りつき（Freeze）で三つのFと言われることもあります。

私は若いころ、学校で飼育していたウサギの凍りつきに遭遇したことがあります。後ろ足をピンと延ばして硬直した身体にさわって、飼育委員の児童と一緒にあわてて獣医さんのもとに走りました。獣医さんに到着した頃には、普通の柔らかい身体にもどっていました。タヌキやカラスなどがウサギ小屋に侵入したのかもしれません。人間はここまではっきり凍りつきや死んだふりを示すことはあまりないかもしれませんが、思うように体が動かなくなることは考えられます。そのとき人間も、不動化した動物たちと同じく、背側迷走神経系が活性化していることをこの理論は指摘しています。一歩も家から出られないという事態の説明としては納得がいきます。

背側迷走神経は発生的には古い神経だそうです。哺乳類以前の動物の段階からこの神経はありました。一方の腹側迷走神経の方は、哺乳類の段階になってから発生した自律神経です。この神経は状況が「安全」であるときに活性化します。安全安心を感じるとき、人は互いにつながり合っており、逆に互いにつながり合っているとき、安全安心を感じるのですが、その時この神経がはたらいているのです。

しかし、いじめの例にもどると、蹴ったり叩いたりなどの直接の暴力でなくても「独りぼっちだ」「笑われた」「無視された」という状況を、社会的動物である人間は、安全ではない（＝生の脅威）

と感じるのです。安全な腹側迷走神経系でなく、不動化させる背側迷走神経系がはたらきやすい状況になります。それらは、社会的な生の脅威といってもよいかもしれません。

凍りつきやシャットダウンのような不動化反応は、コロナ禍以前から不登校・ひきこもりの人達の中に見られてはいましたが（朝起きられない「起立性調節障害」などはその典型です）、この三年間は一層はっきりと身体症状としても現れていると考えられます。相談の場にいらっしゃった人たちの様子を思い返すと、そのかなりの人たちに不動化が起こっているのではないかと考えずにはいられません。

ポリヴェーガル理論の値打ちは、不動化の反応を説明しているからだけではありません。不動化のままの状態から回復するために何が必要かを説明できる理論だからです。第八章でくわしくみていきます。参考文献を挙げておくので、関心のある方には読み深めていただきたいです。[4][5]ポジティブ心理学の知見と合わせ、第八・九章では解決のためのヒントを読者と共に、探っていきたいと思います。

【文献】

（1）「令和三年度 児童生徒の問題行動・不登校等生徒指導上の諸課題に関する調査結果について」文部科学省、二〇二二年

（2）「不登校児童生徒への支援の在り方について（通知）」文部科学省、二〇一九年

（3）ハンス・セリエ、杉 靖三郎他訳『現代社会とストレス』法政大学出版局、一九八八年

（4）津田真人『「ポリヴェーガル理論」を読む』星和書店、二〇一九年

（5）津田真人『ポリヴェーガル理論への誘い』星和書店、二〇二二年

◆コラムⅠ　ストレスとは

学校に行けない状態が何らかの不適応であると考えると、その説明のために従来からストレス学説が用いられることが多くありました。また、災害時のストレスに対しても「心のケア」の観点から、ストレス理論を援用して説明されることもあります。

ストレス理論はカナダの生理学者ハンス・セリエ博士が、物体に強いひずみがかかることを表す物理学の用語＝ストレスという言葉を生物に適用して「汎適応症候群」として発表したものです[1]。生体に対する有害な刺激をストレッサー、ストレッサーに対し適応しようとする、全身的な反応のことを汎適応症候群と呼んだのです。ストレッサーが生体（人間以外の動物でも同じ）にストレス反応を引き起こすとき、どんなことが起こるのでしょうか？ 詳しく見てみましょう。

セリエによると、ストレッサーが自分にとって危険・脅威（敵）であるとみなすと、警戒するために、緊張し、覚醒水準は高まります。目（瞳孔）は見開き、毛が逆立ちます。戦うか逃げるかのためのエネルギーを全身に送るために、肝臓ではブドウ糖が生産され、酸素を取り入れるために気管支が太くなり呼吸は速くなります。栄養と酸素を含んだ血液を全身に多量に送り出すために心拍（動悸）が速くなります。戦いで傷を負った場合の出血を防ぐために抹消の血管が収縮し、手足は冷たくな

図1-2　自律神経系の働き

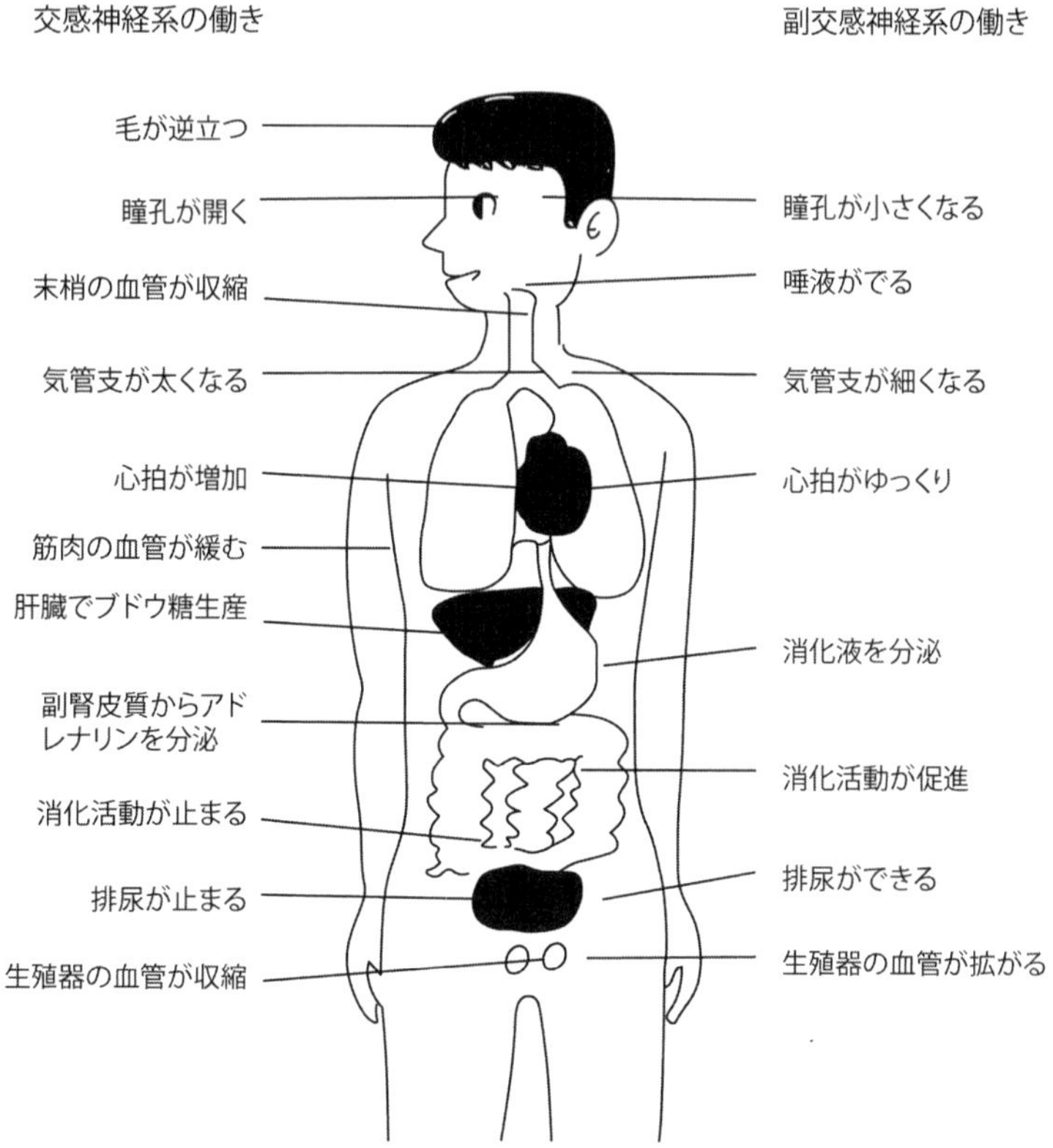

文部科学省＞在外教育施設安全対策資料【心のケア編】
第2章心のケア各論より引用

図1-3　ストレス反応の3相期の変化

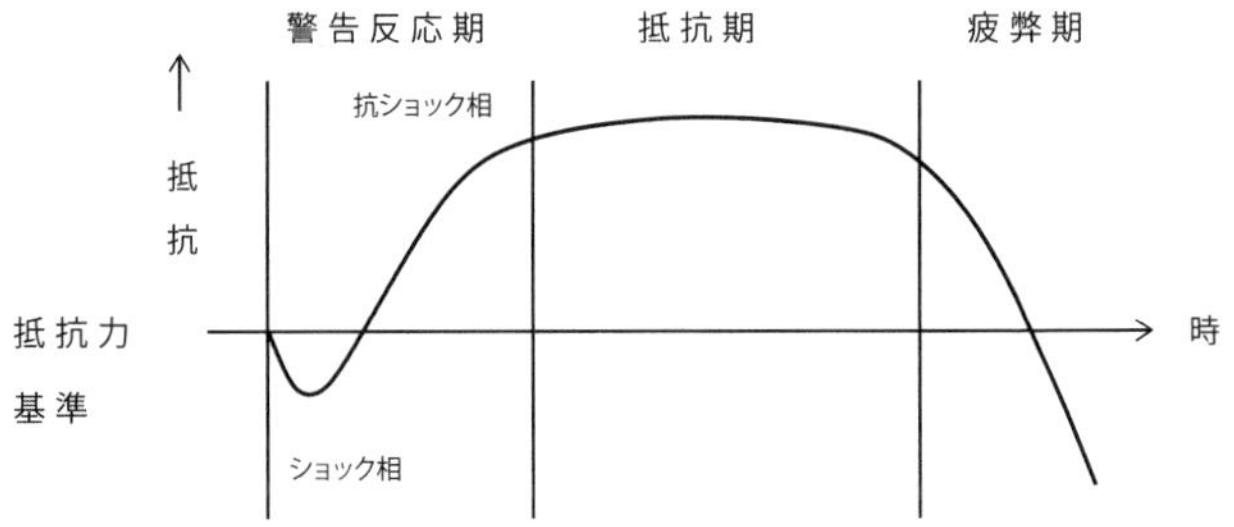

ハンス・セリエ『現代社会とストレス』法政大学出版局　1988より

ります。このような戦闘の状況では、消化器系の活動が不要なため活動を停止し、食欲がなくなり、排尿や生殖器の活動もとまります。また、体の内部では副腎皮質ホルモンの分泌をつかさどる免疫系の働きなども変化します。このような一連の身体の反応は、生体防御のための一般的・自然な反応といわれています（図１‐２）。

ストレッサーに対する心身の防衛のために生体は全身をあげて反応するのです。生体に何らかのひずみ（ストレッサー）がかかると、その生体には全身にストレス反応が現れてきます。ストレスとはストレッサーとストレス反応が合わさったものです。この時の自律神経（交感神経）の反応を「闘争（Fight）・逃走（Flight）反応」と言います。

大草原の中でライオンに出くわした草食動物では、うまく逃げられたら（脅威が去る）、直ぐに交感神経の興奮は収まり、筋肉や内臓の反応は平時に戻ります。ところが、人間の場合、学校ストレスや対人関係のストレスは日々続きますし、脳の中では思い出すとか予期するとかの作用もあり、切れ目がありません。ストレッサーからなかなか離れられないという現実があると言われています。

一方、ストレッサーが加えられた後の心身の防御反応は、時間の経過とともに、大きく変化します。図は、動物実験の結果をもとにストレスへの抵抗力が普段の正常値に対し、どのような変化をするかしめしたものです。

まずストレッサーに対して、ショックが起こり、一時的に体の抵抗力は大きく下がります。しかし、それではいけないと、反転してショックに対して「警告反応期」という時期が来ます。一時的に交感神経の活動が高まり、何とかしようと体も頑張ります。それが結構長く続く時期を「抵抗期」と呼びます。それでも強いストレッサーに対して何もできないと、最後は疲弊して立ち直ることもできない状況になり、「疲憊期」とよばれています。これが「ストレス反応の三相期の変化」の説明です。不登校・ひきこもりという現象の背景としてもこのストレス理論がよくつかわれています（図1-3）。

さらに心理学者のリチャード・S・ラザルス博士が、ストレス反応の強さには認知的評価が大きくかかわっているということを説明しました[2]。認知的評価とは、一言でいうと「わたしには耐えられない。もうだめだ」とか「何とかなるさ」というような考え方です。人はストレスに対して何もできないのではなく、対処（コーピング）することで、ストレス反応を小さくすることができるという説もラザルスが提唱したものです。ストレス対処には、認知的対処と行動的対処があります。また、副交感神経に働きかけるリラクセーション法も私たちは日々使っていますし、不登校の人たちにもぜひ使ってほしいです。本書では、主に認知的対処の部分を強化することを狙いとして、ポジティブ心理学の知見や各種のエクササイズを紹介します。

【文献】

（1）ハンス・セリエ、杉 靖三郎他訳『現代社会とストレス』法政大学出版局、一九八八年
（2）リチャード・S・ラザルス、スーザン・フォルクマン、本明 寛・春木 豊・織田正美監訳『ストレスの心理学――認知的評価と対処の研究』実務教育出版、一九九一年

第二章　ポジティブ心理学の誕生——学習性無力感と楽観主義

ポジティブ心理学の誕生

ポジティブ心理学は、一九九八年、マーティン・セリグマン博士がアメリカ心理学会の会長だった際に発議、創設された新しい学問の体系です。「ポジティブ心理学とは、私たち一人ひとりの人生や私たちの属する組織や社会のあり方が、本来あるべき正しい方向に向かう状態に注目し、そのような状態を構成する諸要素について科学的に検証・実証を試みる心理学の一領域である」と日本ポジティブ心理学協会（ＪＰＰＡ）のホームページでは説明されています。「一人ひとりの人生や、社会のあり方が、本来あるべき正しい方向に向かう状態」というもってまわった直訳的な表現ではよく分からないかもしれません。簡単に言いかえると、「人のよりよい生き方とは？」「人が充実した活動ができる組織や社会の条件とは？」を探究する心理学と言えます。哲学や道徳、倫理学にも近接しているように見えます。それらを人の心理の面から探究し、説明する学問と言えます。多くの課題や命題は、科学的な方法で実験や調査によって明らかにされたものです。

「はじめに」でもふれたように、心理学は従来、うつや不安など人のネガティブな心理の探求が中心でしたが、ポジティブな人のあり方を考える方向でも学問的探究を深めることが始まると、その学問の成果は、一般社会の中でよりよく生きたいと望む人に求められるようになり、社会の中に広がっていったと言えます。そうはいっても、心理学諸流派の中では、後発のポジティブ心理学は、重視されているとは言えない部分があるようです。ポジティブと言う言葉が、ポジティブシンキングに代表されるように、単に状況をポジティブに解釈するだけのものと受け止められて、少しばかり軽んじられている傾向はあるかもしれません。それでもこの本を手に取ってくださった読者の皆さんにとって、ポジティブ心理学は新鮮で心温まる心理学であろうと思います。最後まで読んでいただいて、「人のよりよい生き方」について価値あるインスピレーションを得ていただきたいと願っています。

私自身は、ポジティブ心理学を自分が研究すべき心理学的課題であるとは、臨床心理学を志したころには考えてもいませんでした。しかし、臨床心理士としての仕事を労災病院のメンタルヘルスセンターでスタートし、職域でのメンタル不調に対して、レジリエンスの知見を活かして回復機序を研究する作業に携わる中で、ポジティブ心理学を知ることとなりました。レジリエンスという概念は学問横断的なもので、物理学、経済学、医学、環境問題から人の心理にまで関わるものです。一章のコラムで書いたストレス理論に対して、ストレスからの回復を中心にみていく「レジリエンス」という考え方も、ポジティブ心理学の中では大きな位置を占めています。レジリエンスについては章を改めて説明します。

また、私は臨床心理学の中でも認知行動療法を学び、カウンセリングやセラピーに活かしてきました。認知行動療法の考え方を疾患のある人ばかりでなく、市民のストレス対処に活かすことができるのではないかと考えて、仲間と共にワークショップや講演会を開いて市民への啓発活動を続けてきました。その体験から、ポジティブ心理学で説明される知見やエクササイズについては理解しやすく、親しみやすいものと感じ続けてきました。心が苦しい人に対してもそうでない人に対しても、よりよく生きるためのヒントとして役に立つものであると考えています。病気の治療としてだけではなく、幸せに生きるためのツール（道具箱）として、ポジティブ心理学からの知見を手にしていただきたいと願っています。

学習性無力感

セリグマンは、一九六〇年代半ばに「学習性無力感」という概念を発見した三人の研究者の一人でした。彼らは、動物（犬、ラット、マウス、ゴキブリさえも）が最初に自らの力ではどうすることもできない不快な出来事を経験するやいなや受動的になり、困難に直面すると、あきらめてしまうことを発見しました。最初に無力感を経験した後では、少し痛みを伴うショックを受けても、逃げようとはせずにショックが過ぎ去るのをただじっと待ち、ショックを受け入れるだけだったのです[1]。

実験はさらに続き、人の場合に3群による実験が行われました。実験の第1部では、第1群（逃避可能群）の人たちは、不快だが無害な（騒音など）ストレスにさらされます。その時に目の前のボタンを押せば騒音が止むという体験をします。つまり、ストレスに対して対処可能という学習をしたことになります。第2群（逃避不可能群）の人たちは、何も学習しないまま、第1群に合流し次の実験に参加しました。実験参加者は同じ騒音にさらされます。今度の実験は彼らが何をしようが関係なく、騒音は止まったり、鳴ったりを繰り返します。第2群の人たちは騒音に対して自分が何かをできるという体験をしないのです。つまり騒音に対して無力であるということです。この実験の場合、自分で統御（コントロール）できない騒音と言うストレッサーは両群ともに同じです。

実験の第2部では、第3群（対照群）の人たちが加わります。騒音に対して何の学習もしていない人たちです。別の場所で実験が行われます。今度は、箱の中のある面に手を入れると大音量の騒音が発生するが、別の面に手を数センチ動かすと騒音は止まるという装置を使って、これら3群の人たちがどう行動するか観察します。第1群と第3群の人たちは直ぐに手を動かして音を止めることを学習したそうです。しかし第2群（逃避不可能群）の人たちは、おおよそ何もしないのです。自然に音が止むまで、自らは動かないというのです。無力感さえ体験していなければ、対照群の意味がはっきりとわかります。対照群を設定することで、学習性無力感の意味がはっきりとわかります。

音）に対して、簡単な動きをするだけで音を止めることを学べたはずなのに、逃避不可能を学んだあとでは、対処行動を学べないのです。

セリグマンらは新たな問いを立てて、それぞれの群の間に違いがあるかを調べました。つまり無力感は生体にとって有害なのか、そして統御感（逃避可能感）は、「からだを強くするのか」どうかです。セリグマンらは、さらに動物実験などで確かめました。致死率五〇％の腫瘍を実験動物（ラット）に植え付けて、痛みを伴うショックを与えるのです。騒音の場合と同じように3群に分けて実験したということです。何もしない群（ショックを受けた経験のない群）のラットは、一定時間の経過の後、約五〇％が死んだといいます。これは通常通りの致死率ということになります。逃避不可能群のラットは四分の三が死んだそうです。それは無力感が体を弱めたことを意味します。逃避可能群のラットは約四分の一が死んだということです。統御感が体を強くしたと言えます（セリグマンの名誉のためにいうと、彼自身は倫理的に問題のある、動物を痛めつける実験をこの後、二度と行わなかったと述べています）。一九六〇年代当初は許されていた実験だったのかもしれませんが、動物たちはかわいそうでした。

これらの実験を通して、より重要な、もう一つの発見がありました。それは人間や動物に対して逃避不可能なショックを与えたときにすべての人や動物が無力な状態におかれるわけではなかったということでした。およそ三分の一の人や動物は決して無力な状態にはならなかったというのです。どういう人が無力感を学習しないのか調べることで、セリグマンはポジティブ心理学というアイディアを得たのです。

もし、不登校やひきこもりという体験が学習性無力感に近い心理状態であるなら、無力感から離れる道すじとして、ポジティブ心理学を学ぶことは大いに意味があることではないでしょうか。

楽観主義者（オプティミスト）はうまくいく

セリグマンらの実験によって、決して無力な状態にならなかった人たちを調べると、この人たちは、人生の妨げになる出来事について、それらは「一時的」で「部分的」で「外的」な問題である

表2-1　説明スタイル

できごと	楽観主義者の見方	悲観主義者の見方
よいできごと （試験に合格した）	永続的：いつもうまくいく 普遍的：私は試験に強い 内　的：私はよくやった	一時的：たまたま運が良かった 限定的：今回だけ　次はダメかも 外　的：試験の問題がよかった
悪いできごと （試験に落ちた）	一時的：問題ない　次は合格する 限定的：試験日、体調が悪かった 外　的：試験の問題が悪かった	永続的：この先も合格できない 普遍的：私は試験に弱い 内　的：自分には力がない

と考える人たちだったと言います。「すぐ消えてなくなるだろう」「全部が悪い訳じゃあない」「環境や相手が悪い」と考える傾向にある人たちです。この人たちは自分で何とかできるだろうと考えるのです。セリグマンはそういった人々を、楽観主義者（オプティミスト）であるといいます。このような考え方はストレッサーに対する、原因帰属の説明スタイルと言われています。反対に良い出来事は、「永続的」、「普遍的」、「内的」なものであると考えて、「この先もずっと」「どんな場合も対処可能」「うまくいったのは自分が努力したから」と考える傾向にあります。不快なショックを受けても何とかなると考えているからこそ、抜け出す方法を見つけることができるのです。

良い出来事に対して、楽観主義者は「これからもうまくいく」「他の面でもうまくいく」「自分がやった」と考え、反対に悲観主義者はよい出来事は「たまたま」「今回に限って」「条件がよかった」と考えて、自分の対処能力に思いを致さない傾向にあると言われています。試験に合格した時、試験に落ちた時の考え方（説明スタイル）を表2

-1にまとめてみました。あなたは、どちらの考え方をするタイプですか。

【事例1　洋さん（小三）】の場合

洋さんは、緊急事態宣言で一年生の初めに学校に行けない中、ひらがなの学習を担任から出された宿題プリントで始めた。保育園時代は元気に外遊びをするタイプだったので、字を書く練習は好きではなく、お母さんも「学校に入ったら覚えるんだから」とのん気に考えていて、無理強いをすることはなかったという。ところが宿題で書かせるようになってみると、嫌がって書かない。「ひらがなだけは全ての学習の基本」と考えると、「この先、どうなるのか。勉強ができないままの子になるのではないか？　すべての学習がうまくいかなくなるのでは」「覚えようとしないこの子には力がない。教え方が悪い私がいけない」とストレスの原因を「永続的、普遍的、内的」に捉えて、今までの優しさをかなぐり捨てて、強い緊張を伴って字を書かせようとした。そうすると、洋さんの書く字が下手なのが、許せなくなり、お手本通りに書くということを強要するという修羅場になったそうだ。追いつめられた洋さんは、五月に入ったころには、母親に強く反抗するようになったという。また弟ばかり可愛がる（弟は書字を強要されない、叱られない）と言って、弟にも暴力をふるい始め、そうすると仕事から帰宅した父にまで言いつけられ叱られる始末。パニックを起こしては暴れるほどになってしまった。学校が始まればなんとかなるのではと期待していたが、そのころには、字を書くことへの無力感はすっかり身に沁み込み、学校から逃げ帰るほどだった。相談を進める中で悪いできごと（ひらがなを上手に書けない）は「今だけ（先生が教えればなんとかなる）」「正しさはどうでもよい（読めればよい）」「コロナが悪い（私と息子は悪くない）」と考え方が変わってきた。息子さんに対しても四分の一できればよい、少しでもできたら認めるという、ペアレントトレーニングの手法も取り入れて対処するようになって、どうにか臨時休校中の宿題を乗り切ったという。洋さんの方は、かーっとなって怒り出す自分を、外在化する方法で自分から切り離して距離を置くことができるようになっていった（だが、この時の傷は根深いものがあったようで、三年生になった時に学校に行けない騒ぎは再燃した）。

学習性無力感の発見された頃、うつ病に関する新しい治療法がアーロン・ベック博士によって生み出されました。認知療法です。これはそれまで主流だった精神分析的な解釈（例：うつ病は無意識の怒りや恐れが自分を痛めつけて、うつに陥る）ではなく、自分自身の認知（考え方）によって、うつを深めていくものだとするうつ病への解釈をもとにしています。無意識という自分では分からないものを相手にするのではなく（精神分析的な解釈が必要になる）、うつの人自身が自分の考え方の癖に気づき、認知を変えていく（修正ではなく再構成）ことでうつ病を克服しようとするこの療法は、治療効果もよく、セラピストとクライアントが共有できる手続き（治療パッケージと言われている）がはっきりしているので、瞬く間に、うつ病治療の最前線になりました。

セリグマンは、ベックの誘いを受け、さらに無力感の実験をすすめていき、うつ病との関連を見ていきました。不快な刺激を受け入れてしまい、どうすることもできなくなっている動物や人の状態を、うつ状態（またはうつ病）に陥っているとみていきます。実験室で無力感状態を作り出した後（不快な刺激や難しい問題を通して）、これらの人たちが示す状態が、うつ病の人たちの状態と同じであるかどうか確認しました。そうすると、みごとに人も動物もうつ病の症状を示しました。もっとも動物の認知的内容は調べることはできませんが……。動物の行動を見ると、食欲が落ち、不眠の状態になり、不活発になり、遊び（車輪回しなど）や交尾に興味を示さず、攻撃されても反撃せず、子どもの世話をしなくなったのです。人は行動的にはそれらのラットたちと同じ傾向の上に、さらにうつうつとした気分を訴え、精神運動性の遅延（先延ばし）を示し、問題を解決できなかったのは自分の能力が低かったからで自分は価値がない人間だという考えを示しました。

これら実験室で作り出された無力状態が、うつ病の症状と同じようであることから、セリグマンはうつ病の人たちに、無力感に陥らなかった人々の考え方（表2‐1　説明スタイル：楽観主義者の見方）を教えることで、うつ病をよくしていけるのではないかと考えました[2]。

不登校の人たちのおかれた状態はさまざまですが、心理的には学習性無力感の状態であると言っても、さほど隔たっているとはいえないのではないでしょうか。であるなら、楽観的説明スタイルを身につけることは、大いに有益であるといえましょう。

こうして無力感の研究からスタートしたポジティブ心理学ですが、生みの親のセリグマン自身は、「わたしは不機嫌な人間だ」と述べています。いつも明るく楽観的な人であったわけではないようです。アメリカ心理学会会長として、研究の柱を模索している時に五歳の娘ニッキの言葉でハッとしたといいます。草取りの邪魔ばかりしている娘を怒鳴りつけたところ、娘は「私は三歳から五歳まで文句ばかり言っていた。でも五歳になって文句を言うのを止めようと決心した。とても難しいことだったけど、できたでしょ。私にでもできたのだから、お父さんもそんな風に怒鳴るのはやめて」と言ったそうです。はっとして、自分も変わろうと決心したといいます。それがポジティブ心理学誕生のきっかけだったというのです。この逸話は、ポジティブ心理学誕生のエピソードとしてセリグマンが著書や講演の中で何度も語っていることです。私自身も来日時の講演で聞くことがありました。この逸話が示しているのは、次の二つのことではないでしょうか。

セリグマンは、子育てにおいて「子どもたちの欠点を矯正するだけでは子どもを育てることはできない。大事なのは、子どもたちの強みと美徳に気づき、それを育てることであり、さらに、子どもたちがもつポジティブな特性を最大限に生かせる場所を見つけるための手助けをすることだ」と述べています。(3) ネガティブな状態に注目して無力感を増大させるのではなく、無力感を減衰するためのポジティブな考え方（楽観主義）を取り入れながら、子どもの持つポジティブな条件（強みと美徳）に気がつき、それを育てることが重要と言っているのです。

不登校という状態を示す子どもたちの誰もがポジティブな美徳と強みをもっています。不登校であろうとなかろうと、それのない人はいません。学習性無力感によって、今現在、うつ状態と見まごうばかりの姿を示していても、ポジティブな説明スタイルを習得することは可能です。今後の章でそれらの子どもたちの強みや美徳に注目しつつ、子どもの持つポジティブな特性を育てていく視点をみていきましょう。

【文献】

（1）マーティン・セリグマン、宇野カオリ監訳『ポジティブ心理学の挑戦』ディスカヴァー・トゥエンティワン、二〇一四年
（2）マーティン・セリグマン、山村宣子訳『オプティミストはなぜ成功するか』講談社、一九九一年
（3）マーティン・セリグマン、小林裕子訳『ポジティブ心理学が教えてくれる「ほんものの幸せ」の見つけ方』パンローリング、二〇二一年、三九頁

第三章　幸福を考える

幸福（ハピネス）

この章では、ポジティブ心理学で取り上げる「人のよりよい生き方」を「幸福（ハピネス）」という切り口で考えてみましょう。心理学がここ半世紀以上もの間、うつ病や統合失調症、アルコール依存症など「心の病」に注目して、その病気のしくみ、治し方などの研究を進めてきましたが、それらの患者たちの中には病気の症状が和らいでも、必ずしも幸福な生活を送っているとは言えない状況を見聞きします。病気の症状も辛いけど、それを何とかしてほしいというよりも、今、生きている意味が欲しいという方もいます。楽しく笑っていたい、家族で穏やかに暮らしたい、働き甲斐のある仕事がしたい、とよりよい生活を求めて来談される方々が多くいらっしゃいます。

セリグマンは「ただ苦悩を和らげるだけでは、苦しみ、落ち込み、自暴自棄になっている人々を、本当の意味で救うことはできない。人はどん底にあっても美徳や誠実さ、さらには生きる目的や価値を、必死になって求めている。何か問題が起きた時に本当に必要なのは、苦しみを理解して和らげることではなく、幸せを理解して築き上げることである」と述べています(1)。

これは、私自身が本書を書く目的でもあります。不登校やひきこもりの苦悩や問題点を研究し言及するだけでは、本当の意味で当事者が求めていることに触れていないような気がするのです。苦悩ではなく、日々生きている現実の中でも生きる意味を見つけ、幸福や強み、希望に焦点づけたサポートが必要だと考えています。

かつて私は、「幸せ」「幸福」という言葉はカッコに入れて使いたいような気持ちがしていて、少し現実離れした概念であるように思っていました。「私は幸せを追求しています」「私は幸福です」と大っぴらには言えないような照れくささを感じていました。それは私が古いタイプの人間であるからかもしれません。「普通で十分」「平穏・無事でさえあれば」というような思いもありました。でも考えなおせば、それはすでに価値を帯びた認識です。「幸せ」と「普通」が互いに相反する状態とはいえません。若いころには、もっとも幸せから遠く、幸せの追求は自分には許されていないと感じていた時期もあったように思います。文学の中でも苦悩に呻吟する主人公により親しみを感じていました。こういった意味ではポジティブ心理学の創始者セリグマン同様、私もネガティブ寄りの人間だったように思います。そんな私でも、ポジティブ心理学を知って、そのエッセンスを実践する中で、ポジティブな状態であることが、ずっと板についてきました。

「幸せ」や「幸福」とは、人がどういう状態にあることを言うのでしょうか。「幸福学」という学問の分野も誕生しました。「幸福度」という尺度も、世界中で使われています。その言葉で何が表現されているかみてみましょう。

図3-1　世界幸福度ランキング

あなたのハピネス度（幸福度）は？　0から10の間に印をつけましょう

幸せでない 0　1　2　3　4　5　6　7　8　9　10 幸せ

国連の発表：世界幸福度ランキング……日本は？

2015 …… 46位
2016 …… 53位
2017 …… 51位
2018 …… 54位
2019 …… 58位
2020 …… 62位
2021 …… 56位
2022 …… 54位
2023 …… 47位

指標
人口あたりGDP
社会的支援（福祉）
健康寿命
人生選択の自由度
寛容さ
信頼する気持ちの大きさ
（裏切りのなさ、腐敗の少なさ）など

World Happiness Report 2023他を参考に作成

世界幸福度ランキング（ワールド・ハピネス・レポート23）

毎年三月二〇日に、国連の持続可能な開発ソリューションネットワーク（ＳＤＳＮ）が「世界幸福度ランキング」を報告します。このランキングは米調査会社ギャラップが全世界に対して行う世論調査をもとにしたものです。世界各国の約一〇〇〇人に、生活についての満足度を0から10までの11段階で自己評価してもらい「生活評価」を測定し、その上に他の要素を加味して順位を付けたものです。二〇二三年の一位はフィンランドで、これは六年連続でした。日本はこの年、順位を上げて四七位となっています。[2]それでも、「そんなに低いの？」とちょっと驚いてしまいますね。この指標で測られるのは、「人口当たりのＧＤＰ、福祉、健康、人生選択の自由度、寛容さ、腐敗の少なさ等々」を含めた総合的な見地からまとめた幸福度だそうです。国別の順位をみれば、経済でも福祉でもある程度の達成をみている北欧諸国が

表3-1　世界幸福度ランキング トップ10

トップ10

1.フィンランド	7.804	Happiness Index
2.デンマーク		
3.アイスランド		
4.イスラエル		
5.オランダ		
6.スウェーデン		
7.ノルウェー		
8.スイス		
9.ルクセンブルグ		
10.ニュージーランド		
……		
47.日本	6.129	Happiness Index

World Happiness Report 2023を参考に作成

上位にあるのは順当ともいえます。日本は健康の面では世界一です。しかしその他の条件ではそれほど目覚ましいものではないようです。特に寄付などを含む他者への寛容度が低いというデータがありました。もっとも、日本的な感性や文化がその指標に合わない部分もあるのではないかと研究されてもいるようです。でも世界共通の人々の暮らしにおける満足や幸福感を知り、その考え方もとりいれながら、私たちの幸福感を広げていくことも大切と思います。不登校・ひきこもりの人がこんなにも増えて、死にたいと考えたことがある若者が同世代の中で半数近くにも上るということは尋常ではないと思います。次世代を担う若者の生活が幸せなものであるようにと願っています。

さて、図3-1の中に、0～10までを刻んだ物差しがあります。1は幸せでない（生活に満足していない）、10は幸せ（生活に満足している）として、あなた自身の幸福度はいかほどでしょうか。直感的にしるしをつけてみてください。幸せと満足度は厳密にいえばイコールではないですが、ここでは生活に満足しているなら、「幸せ」と大雑把にとらえてみてください。

表3-1は、二〇二三年発表の幸福度上位の国名です。日本の順位と比較してみましょう。数字

でフィンランド（人）の生活満足（幸福）の平均値、日本（人）の平均値を表しています。フィンランドの人々がどういう状態を幸せと感じているのかコラムⅡにまとめました。

数年前にポジティブ心理学を学ぶセミナーを開いたとき、私もチェックしてみました。6から7くらいの中間に○をつけ、あとで調べてみて全く平均的な日本人だなあと笑ってしまいました。ところが、最近はものの考え方が少し変化したのでしょうか、「まあ7に近いかも」と思うようになっています。暮らしの条件は変わっていないどころか、年を経て心身の能力は下がる一方なのに、どうしたことでしょうか。この本を書きながら自分自身の幸福についても考えてみたいと思っています。

幸福学から

幸福度の高い人が人生の諸問題に遭遇した時に、どんな心の様子なのか、どんな考え方をしていてどんな態度をとるのか、気になります。エドワード・ディーナー博士は、「人生満足度尺度(3)」を開発した心理学者として有名です。この尺度は人の幸福度を測る物差しとしてよく使われています。あなたもチャレンジしてみませんか。

◇エクササイズ3 - 1　人生満足度尺度

次の1〜7の質問に、1〜7点で□に点数をつけてみましょう。

1　ほとんどの面で、私の人生は私の理想に近い□

2　私の人生はとても素晴らしい状態だ□
3　私は自分の人生に満足している□
4　私はこれまで、自分の人生に求める大切なものを得てきた□
5　もう一度、人生をやり直せるとしても、ほとんど何も変えないだろう□

31〜35点　非常に満足
26〜30点　満足
21〜25点　少し満足（平均的よりやや満足）
20点　平均的
15〜19点　少し不満
10点〜14点　不満
5〜19点　非常に不満

この人生満足度尺度は、「幸福ですか」と聞かれるよりも自分の人生を振り返りながら深く考察するので直近の気分の影響は受けにくく、幸福度を計るのに適していると言われています。ちなみにわたしは合計30点、「満足」ということで、実感とほぼマッチしています。

ディーナーはまた、どんな人が幸福であるか、幸福と人の人生について様々な角度から研究した人です。中でも有名なのは、アメリカのノートルダム教育修道女会の修道女たちの幸福と長寿との関連を調べた研究です。生活環境が同じ修道女たちの生存率を調べてみると、幸福度が最も高かったグループは八五歳時点で七九%、最も低かったグループは五四%とはっきりと差が出ていたのです。[4]

また、二〇〇一年にはこの修道女研究（ナン・スタディ）において、人生早期のポジティブな感情が、その人の長寿と関係があることをケンタッキー大学のデボラ・ダナー博士らが発見しています。修道女としてスタートするときの誓いの言葉の分析から突き止めたのです。誓いの言葉につけた略歴の中で、「とても幸せ」「心から嬉しく思います」というような言葉を使っていた修道女Aは、九〇歳を超えて健康体であったが、そのような言葉の全くない修道女Bは五〇代で脳卒中を起こし、その後まもなく亡くなっていたといいます。生活環境がほぼ同じな修道女一八〇人が見習い時代に書いたものを調べてみると、ポジティブな感情を言葉にして書いていた人の方がより長寿であったといいます。[5]

日本人のための幸せの四つの因子

慶應大学の前野隆司教授は、質問紙によるアンケート調査の結果をコンピューターで分析して、幸福に関連する四つの因子を見出しました。[6] 因子という言葉は因子分析という統計的手法で解析するときの専門用語ですが、「〇〇に関係が深い（相関がある）」というような意味と思ってください。

第一因子は、「やってみよう！」因子（自己実現と成長の因子）です。アンケートの内容を少し紹介すると、「コンピタンス：私は有能である」「社会の要請：私は社会の要請に応えている」「個人的成長：私のこれまでの人生は、変化、学習、成長に満ちていた」「自己実現：今の自分は本当になりたかった自分である」等に関連することです。これらの質問にYESと回答する人の方が、より幸福感と関係が深かったと言えるそうです。

ここまで読み進めてこられた方も、この辺でついて行けない感があるかもしれません。今の自分から見たら、すごく遠くにある項目のような気になるかもしれませんね。こういう時は、その内容を小刻みにすることをお勧めします。例えば【事例4の健斗さん】は、アニメ映画や漫画を読み深めているので、その批評家精神は旺盛です。好きな趣味の世界の中では、それなりの達成や自己効力感を通して有能感を高めているように見えます。【事例5の香織さん】は、体が動くようになってからダンスを始め、今では踊ることが大好きになって時には人前で踊ることも始めています。上手になりたいという思いが強くなってきて、バレーのレッスンにも通っています。「こんな年（一七歳なのに！）になってバレーを始めてもバレリーナになれるわけじゃないけど、体が硬いので、柔軟性が身につくと思って」と語ります。好きなことからの個人的成長は、取り組みやすい目標になると思います。

【事例8　匠さん　三八歳】

匠さんは、仕事の上で上司の理不尽な度重なる嫌がらせを受けて、とうとう仕事を辞めざるを得なくなった。再就職を目指しているが、なかなか重い腰が上がらず家にひきこもっていてもう数年になる。主治医からカウンセリングを勧められて、相談室にみえた。話すことが苦手と言いながらもぽつりぽつりと自分の育ちや日々の暮らしを語り始めた。生活活性化のために「一〇歳の頃好きだったことをやってみたら」というアドバイスをしたところ、「クワガタ」を探しにいくようになり（住まいは多摩西部）、やがては冬を越させ、繁殖させるほどになった。先日、さなぎから成虫になったクワガタを掌に載せた写真を見せてくれた。大きな立派なクワガタだ。冬の間も室温を一定にして、乾燥にも気を付けて無事春を迎えることができたようだ。ＳＮＳに写真を載せたところ、「譲ってくれという人が現れて、今度送ってあげるんだ」と語っていた。自己実現と成長の因子も、自分が好きと思える身近なところから実現していけるとよいと思う。ここまでで、カウンセリングを始めてから二年ほどが経過している。その間に自身の発達特性についても診断を受け、就労プログラムなども利用して自己理解を深めていった。今は一般就労で働いている。リアルな職場ストレスへの対処のためにまだカウンセリングは続けている。

第二因子は、「ありがとう！」因子（つながりと感謝の因子）です。「人を喜ばせる：人の喜ぶ顔が見たい」「愛情：わたしを大切に思ってくれる人たちがいる」「感謝：わたしは人生において感謝することがたくさんある」「親切：わたしは日々の生活において、他者に親切にし、手助けしたいと思っている」等に関連する因子です。この因子については、また四章で感謝の手紙などを取り上げます。当事者は「そんなの自分には関係ない！」と思っているかもしれませんね。他者との関係で、ひどく心を傷つけられた体験が大きくて、その痛みの方に注意が向かいやすいという日常かもしれません。まずはその人たちに関わる親や支援者がこういう因子を日々の姿で身にまといたいものです。

第三因子は、「なんとかなる！」因子（前向きと楽観の因子）です。「楽観性：私はものごとが思いどおりにいくと思う」「気持ちの切り替え：私は学校や仕事での失敗や不安な感情をあまり引きずらない」「積極的な他者関係：私は他者との近しい関係を維持することができる」「自己受容：自分は人生で多くのことを達成してきた」等に関連する因子です。この本を最後まで読んでくださって、楽観性を増やし、気持ちの切り替えができるようになることを目指して欲しいです。

第四因子は、「ありのままに！」因子（独立とあなたらしさの因子）です。「社会的比較思考のなさ：私は自分のすることと他者のすることをあまり比較しない」「制約の知覚のなさ：私に何ができて何ができないかは外部の制約のせいではない」「自己概念の明確傾向：自分自身についての信念はあまり変化しない」「最大効果の追求のなさ：テレビを見るときは、あまり頻繁にチャンネルを切り替えない」等に関連する因子です。この因子は人と比べて物事を見ないことが特徴的です。地位や財産をあまり目指さない生き方です。「最大効果の追求のなさ」というのは、自分が損をしないようにという発想によく現れています。ちょっとの時間でも何かしていたい、最も高く売れるようにしたいとか、人よりも出世したいとか、人よりも可愛いと思われたいとか、と他者との比較の上で、何事かに取りつかれたように求めていくライフスタイルです。そうすると、「幸せ」はどんどん遠くなっていきます。いつまでたっても満足がやってこないからです。【事例7】の夢さんは、友だちとのいさかいの後、「可愛い服装と可愛く見えるメイク」にこだわり続けてきました。友だちと会う気がしないのは、可愛い服がないからと言います。また様々なメイクも試してみますが、なかなか満足できないそうです（メイク材料はインターネットで購入できるそう）。会う度に私は

「可愛いね！　素敵！」と感嘆します。お世辞でなく本当に可愛いのですが、本人に言わせればアイドルとか、ネット上の投稿サイトに載っている友人の方がずっと可愛くて、「わたしの洋服はダサい」のだそうです。「私は可愛くない」というのは認知のゆがみですが、強く思いこんでいたのでした。カウンセリングの中では、その中核的な思い込みに切り込むことなく、別の「幸せ」、特に「ありのまま」の自分を見つけることに時間をかけました。ありのままの自分を憎まないことと、ありのままを体で感じることがポイントと思います。カウンセリングの技法としてはナラティヴ・セラピーに近いものです。

ポジティブ心理学の幸福論

当初、ポジティブ心理学は幸福を「ポジティブ感情」を中心にした、人生の満足度という要素から考えてきました。「ポジティブ感情」は一瞬、一瞬の気分に代表されるもので、いわゆる「快」の感情が大切になります。「人生の満足度」も調査するその時の気分に左右される面もあるし、それが本当にこの学問が追求することなのか。ポジティブ心理学が目指すことは「個人としての満足度」の増大を求めることのみではないのではないか、とセリグマンらは考えました。今では、新たな概念としてポジティブ心理学が追究するものは「ウェルビーイング」であり、それを測定する判断基準は、ウェルビーイングの各構成要素をまとめた「持続的幸福度」であるとされています。次章に詳しく見ていくことにします。

ヘドニアとユーダイモニア

ポジティブ心理学では、幸福を一時的な幸福と永続する幸福に分けて考えます。この考え方の起源は古代ギリシャの哲学者たちの議論にまで遡ります。アリストテレスは、人が善いことをするのは「ユーダイモニア（エウダイモニア）」という幸福に到達するためだと考えました。ユーダイモニアとは、生きがいややりがいを感じているときの満ち足りた幸せな気持ちを言います。この場合の幸福を小林正弥教授は「善福」と呼んでいます。[7] 一方で、古代ギリシャの時代から、快楽を幸福の本質とみる見方もありました。これをヘドニア（感覚充足・快楽追究）とよびます。ここち（気持ち）よいこと・ごきげんであることからくる幸福感です。これらも人生において必要であり大切なことですが、それのみでは深い満足感に至ることは少なく、また長続きもしません。日々誰の身にもこの二つが縄のようにない合わさって私たちは暮らしているのではないでしょうか？　その人にとっての意義、意味を含むユーダイモニア（善福）と、脳と体に深く充足感をもたらすヘドニア（快福・筆者の造語）とを思いやってみませんか。しばし、手を休めて、深く息を吐き、肩や首、口の周りをリラックスさせて、二つの幸せを感じてみてください。思い出せたら、エクササイズ３‐２に書き込んでみてください。

◇エクササイズ３‐２

思い出すだけではなく、書きこむことで幸福感は深まります。本当は、これを親や支援者さんと共有するともっと幸福感はあがります。ワークショップではとても盛り上がり、特に自分が書いた

エクササイズ3-2

あなたにとって、心に残っているヘドニア的幸せの思い出は何でしょう
ユーダイモニア的幸せの思い出は何でしょう

ヘドニア ここちよい幸せ	
ユーダイモニア やりがいを感じた幸せ	

エクササイズ3-2（2）

あなたにとって、心に残っているヘドニア的幸せの思い出は何でしょう
ユーダイモニア的幸せの思い出は何でしょう
（筆者の場合）

ヘドニア ここちよい幸せ	・子どもの頃の思い出。夏の夕刻海に入り、泳いで沖に出て、ぽっかり浮いて夕日を眺めるときの心地よさ。浮遊感と潮に包まれた体感。 ・今年の春のこと。花見山公園でイタドリの新芽を見つけ、「ああ、おいしそう」と、ポキンと折り取るところを想像した瞬間、酸味を感じて唾まででてしまった！（もちろん山とはいえ公園地なので、植物をとることは慎みました）
ユーダイモニア やりがいを感じた幸せ	・人生いちばんの達成。20歳の頃、大学で学ぶことに疑問を感じ、不登校状態に。昼夜逆転して、寮に一人残って煩悶していた時、思い立って真冬の三峰山に登山した。10ｃｍ以上の霜柱が立っている裏参道の山道を登りきった先に青空を見た瞬間、悩みがちっぽけなものに思えて、こころが空っぽになり、スカッとした。ひとっこひとりいない無人の道を行くのは怖かった。当時はケーブルカーがあったので、徒歩で登る人はいなかった。あの時の怖さの克服は何とも言えない。

ユーダイモニアは自分が生きていくうえで芯になっていることに気がつくことでしょう。

私があるワークショップで書き、パートナーとなった人に話したものを紹介します（エクササイズ3‐2（2））。

これを読み返してみて、ユーダイモニアだけでなく、ヘドニア的な幸せも自分にとっては手放せない要素だと気づかされます。両方の幸福感があって初めていきいきと生きていられるものだと思います。

【文献】

（1）マーティン・セリグマン、小林裕子訳『ポジティブ心理学が教えてくれる「ほんものの幸せ」の見つけ方』パンローリング、二〇二一年、九頁
（2）World Happiness Report 2023, 持続可能な開発ソリューションネットワーク（SDSN）, 2023
（3）Satisfaction with Life Scale, Diener et al., 1985
（4）Happy people live Longer: Subjective Well-Being Contributes to Health and Longevity, Diener, Micaela. Y. Chan. Applied psychology: Health and Well-being, Vol.3, No.1, 2011
（5）Positive Emotions in Early Life and Longevity: Findings from the Nun Study, Deborah D. Danner, David A. Snowdon, and Wallace V. Friesen, University of Kentucky, Journal of Personality and Social

Psychology, 2001, Vol. 80, No. 5, Copyright 2001 by the American Psychological Association.

（６）前野隆司『実践ポジティブ心理学』ＰＨＰ新書、二〇一七年

（７）小林正弥『ポジティブ心理学』講談社選書メチエ、二〇二一年

◆コラムⅡ　フィンランドの幸福とは

六年連続で幸福度世界ナンバーーに輝いたフィンランドの人の幸福感を探ってみましょう。「Visit Finland」、フィンランド流の幸せへのアプローチを学ぶプログラム「Masterclass of Happiness」の受講者を募集開始！[1]」というプレスリリースの記事では、以下のようにフィンランド人の「幸福」について説明しています。

①四つの幸せの鍵

二〇二三年三月二一日、フィンランドは国際連合による世界幸福度調査により二〇一八年以来六年連続で世界で最も幸福度の高い国として選ばれました[2]。

フィンランドが初めてこの栄誉ある称号を授与されて以来、その幸福の秘訣は世界中で注目されてきました。フィンランド人は、自分たちの幸せの鍵は「自然」「ライフスタイル」「食」「サステナビリティ」という四つの要素にあると考えています。

1　自然との深いつながり

世界最大の群島を構成し一八万七千の湖を擁するフィンランドの七五%は広大な緑の森で覆われ

ています。国立公園は四一ヶ所あり、市民や観光客に自然享受権（その土地の所有権や居住権が誰にあるかに関わらず、自然の中を歩き回り、アウトドアレジャーを楽しむ自由）が与えられています。フィンランドの人々が生涯を通じて自然との深いつながりを育み、自然がもたらすたくさんの恵みに幸せを見出すのも不思議ではありません。例えば、森の中で一五〜二〇分過ごすだけでも、血圧が下がり、気分が落ち着くことが証明されています。

２　シンプルな生活を楽しむ

フィンランド人の生活習慣やアクティビティはとてもシンプルです。フィンランドのサウナは、健康増進のために欠かせないもので、その効果は世界的にも有名です。サウナの合間に近くの湖で夏は水浴びをしたり、冬は氷の割れ目から冷たい水に浸かったりと、サウナは多くのフィンランド人のライフスタイルの一部となっており、幸福に欠かせないものとなっています。

３　地元の旬の食材を愛する

フィンランド料理は、シンプルで美味しく、そして新鮮な自然の食材をベースに作られています。世界一きれいな空気、何千もの湖から湧き出る清らかな水、そして森で採れるベリー、キノコ、ハーブなど豊富な野生の食材を誇るフィンランドでは、食は人々の幸せのためには欠かせない要素のひとつです。

４　サステナビリティを大切にする

フィンランドでは、伝統的にサステナビリティは非常に重要なことであると捉えられてきました。それは周囲の自然文化遺産を保護することや、日常使いの物を新しく作ることなど様々な場面で表れています。家具から衣服に至るまで、フィンランドのデザインは日常生活に密接に溶け込んでいます。刺激的なコントラストと自然が無限のインスピレーションの源であるこの国で、サステナビリティは国民の幸福のために重要な役割を担っているのです。

一つ一つに納得です。私たち日本人にもこれは手の届かない方法ではないようです。大都会東京に暮らす人も電車に乗って一時間から二時間も移動すれば高尾山や御岳山、奥多摩の自然に触れることができます。海岸近くの人には水辺の公園もあり、水上バスに乗って船の旅もできます。ただ、自然に近づき、自然をめでるのではなく「自然との深いつながり」を自分自身のこころとからだの奥深くで感じるようにするためには、私たちの感性はちょっとばかり錆びついているかもしれません。時間のあわただしさを忘れ、人間関係のわずらわしさをどこかに置いて、ただ、ただ対象の自然や生きものに出会っていくことが幸せへの鍵ということなら、時にはそのための特別な時間を用意することも必要かもしれません。

今すぐに自然の中に出かけることなんてできないという方にお勧めしたいのは、どこかで見つけた石ころや砂をきれいにして、自分の身の回りに置いて、なでたり触ったりすることです。一歩戸外に出ると、風を感じる、風の音を聴く、空を見る、流れる雲を見るなど今すぐにもただで手に入れることができる自然もたくさんあります。木々の緑や花の香りに気づくようになると、自然とのつながりも深まっていくことでしょう。

このようにタイトルを付けて幸福感の基となる内容を知らされると、「シンプルな生活」「サスティナビリティを大切にする」「地元の旬の食材を愛する」というテーマの中にすでに意義や意味が含まれていることが分かります。料理の美味しい味や、サウナの熱と冷たい水とで体感する心地よさ（ヘドニア的幸せ）と共に、やりがいや生きがいを感じている時に味わうユーダイモニア的な幸せ感が、十分に含まれているのだと思います。日常の生活の中に二つの幸福感が織り混ぜてあるところに、私はフィンランドの人々の深い幸福感を見る思いです。この四つの中に、経済的安定、良好な身体的健康、人の役に立つなど個人の生きがいとしてよく言われる価値感が入っていないことにもなぜか安堵を覚えます。

②幸福を目的にして生きない

フィンランド出身の若手哲学・心理学の研究者フランク・マルテラは、生きるうえで、幸福を目的にしないことを勧めています。幸福感は一時的な感情であって、長続きするものではありません。何よりも人生の目的が幸福であることを追求するとなると、十分に素敵な住まいを求め、やりがいのある十分な仕事を求め、終わりのない渇望感に駆られることになると言います。また、あの手この手で、より幸福であるためにあなたが手に入れるべきあれこれを広告で突きつけられることになります。あふれる選択肢の中では、幸福感はかえって減るということが研究からわかっているそうです。

幸福度とは、「生活の条件が総じて整っていること」をいうなら、フィンランドをはじめとする北欧の国々は確かに幸福な国であるが、心の中が良い感情で満たされること（そしてそれを表に出すこと）を幸福とよぶなら、フィンランドは世界で最も幸福な国とは言えないとも言っています。

また、うつ病がないことを幸福というなら、フィンランドは世界で最も幸福な国とは言えないとも言っています。冬が長く日差しの少ない高緯度地帯のフィンランドでは、うつ病の発生率が高いことはつとに知られた事実です。そういった中で、彼は「フィンランドは、人口一人当たりのヘヴィ・メタル・バンドの存在が世界一である（一〇万人当たり六三のバンドが存在している）」と指摘します。「暗く重苦しいヘヴィ・メタル音楽が国に幸福をもたらしているというのは、何か矛盾するようだが、それはフィンランドという国の抱える矛盾でもあるようだ」と述べています[3]。ヘヴィ・メタル音楽の爆発するようなシャウトと幸福との関連なんて、考えてみたこともなかったですが、実はフィンランドの若者にとっては大いに関連があることのようです。フィンランドの人々にとっては、ただ単に幸福な感情を追い求めることの無意味さは、共通の認識なのかもしれません。フランク・マルテラは、良い感情で満たされる幸福のために生きるのではなく、より意味深い人生を生きていこうという提案をしているのです。

③ムーミン物語にみる幸せ

わたしが子どもの頃には、ムーミン物語は生まれたばかりで、まだ日本には紹介されていませんでした。作者のトーベ・ヤンソンさんの言葉によると、あの戦争の頃（一九三九年冬、国境を接するソ連が隣国フィンランドに侵攻した）、絵を描くのに行き詰まり、子ども向けのお話を書こうとしたそうです。その時主人公にしたのが、彼女が風刺漫画を描くときにサイン代わりに使っていた怒った顔をした生きもの、ムーミントロールだったのです。でも戦争中は物語を仕上げることはできず、ほったらかしになっていたそうです。ようやく一九四五年になって、友だちのアドバイスによって、書きあげ、さし絵をつけて出版の運びとなりました。ヤンソンさんが初めて書いたハッピーエンドの物語だったそうです。こうして世界中の人々から愛されるムーミンの物語は誕生したのです[4]。平和あってこそ、心温まる子どもの本に、命が吹き込まれたのですね。

わたしは、大人になってから子育ての中で、ムーミンの物語を知り、娘と共にその物語を楽しんできて、大好きになりました。ムーミン谷に集いする生きものたちは、どのキャラクター（種族？）をとってしても、それぞれが自分自身の個性を存分に発揮して、誰におもねることもなく生きていることが伝わります。そしてたがいに支え合って生きています。どんなアクシデントが起きても、最終的に幸せな暖かい雰囲気で物語を閉じます。「だれもかれも、ほかの人にまけずに幸福でした。それにしても、ほかのだれよりも幸福だったのは、たぶんママといっしょに庭をぬけていくときの、ムーミントロールだったでしょうよ[5]」と。

【文献】

（1）フィンランド公式トラベルガイド Visit Finland http://www.visitfinland.com/ja/
（2）World Happiness Report 2023, 持続可能な開発ソリューションネットワーク（SDSN）, 2023
（3）フランク・マルテラ、夏目 大訳『世界一しあわせなフィンランド人は、幸福を追い求めない』ハーパーコリンズ・ジャパン、二〇二二年、四一～四六頁

（4）トーベ・ヤンソン、冨原眞弓訳『ムーミン童話全集〈別巻〉小さなトロールと大きな洪水』講談社、一九九二年

（5）トーベ・ヤンソン、山室 静訳『たのしいムーミン一家』講談社 青い鳥文庫、一九八〇年、二五三頁

第四章　ウェルビーイングをめざす――持続的幸福理論（ＰＥＲＭＡ理論）

ウェルビーイングは構成概念

ポジティブ心理学では人のより良い状態を、前章に取り上げた「幸福」だけではなく、さらに発展させて「ウェルビーイング」という考え方で説明し、それを増大させることをテーマとしています。ウェルビーイングはいくつかの概念が組み合わさって構成されています（構成概念）。それぞれの概念は測定可能であり、それぞれの概念を伸長することでウェルビーイング全体を向上発展させることができるとされています

構成概念という聞きなれない言葉は、例えば「天気」とか「自由」とかを想像すれば、分かりやすいかもしれません。「天気」は空の雲の状態で示されるいわゆる「お天気」のほかに、気温、気圧、風、降水量などいずれも測定可能な多くの「物」から成っています。「自由」も実は単独の自由はなく、学問の自由、移動の自由、職業選択の自由、信教の自由、内心の自由というように多くの概念が合わさったものです[1]。

それでは、ウェルビーイングはどんな要素が含まれているのでしょう。それも一言で言えるほど

単純ではないのですが、二つの側面からどのように考えられているか知り、最後にポジティブ心理学がめざす「ＰＥＲＭＡ（パーマ）」理論について考えていきましょう。

健康との関連

世界保健機関（ＷＨＯ）憲章では、「健康とは、病気ではないとか、弱っていないということではなく、肉体的にも、精神的にも、そして社会的にも、すべてが満たされた状態にあることをいいます」と翻訳されています。[2] すべてが満たされた状態という部分に、英語ではウェルビーイングという言葉が入っています。健康とは、「単に病気とか病弱でないこと」が強調されています。肉体的、精神的、社会的に良好な状態ということを指しているのです。ですから、時と場合によって、ウェルビーイングは「健康」と訳されることがあります。その中に精神的なウェルビーイング、社会的なウェルビーイングが含まれていることに注目したいです。

精神的健康

ＷＨＯの The WHO-5 Well-being-Index という指標があります。日本語に翻訳されると「ＷＨＯ‐５精神的健康状態表[3]」となり、ウェルビーイングという言葉は表に出ません。ということは、ウェルビーイング＝精神的健康となりますね。そこでは五つの精神状態について質問されています。どんな精神状態かみてみましょう。日本語版で、項目を紹介します。

1　明るく、楽しい気分で過ごした

表4-1　WHO-5 精神的健康状態表（1998年版）

以下の 5 つの各項目について,最近 2 週間のあなたの状態に最も近いものに印をつけてください

例：最近 2 週間のうち、その半分以上の期間を、明るく、楽しい気分で過ごした場合には、3 に○をつけてください

最近 2 週間、私は……	いつも	ほとんどいつも	半分以上の期間を	半分以下の期間を	ほんのたまに	まったくない
1 明るく、楽しい気分で過ごした	5	4	3	2	1	0
2 落ち着いた、リラックスした気分で過ごした	5	4	3	2	1	0
3 意欲的で、活動的に過ごした	5	4	3	2	1	0
4 ぐっすりと休め、気持ちよくめざめた	5	4	3	2	1	0
5 日常生活の中に、興味のあることがたくさんあった	5	4	3	2	1	0

○をつけた数字を全部足してください

2　落ち着いた、リラックスした気分で過ごした
3　意欲的で、活動的に過ごした
4　ぐっすりと休め、気持ちよくめざめた
5　日常生活の中に、興味のあることがたくさんあった

これらの項目について、最近二週間の状態について「わたしは……いつも5、ほとんどいつも4、半分以上の期間を3、半分以下の期間を2、ほんのたまに1、まったくない0……過ごした」という六段階で評価して、精神的健康状態をみていきます。日本語版のチェック用紙（表4‐1）を掲載しますので、興味のある方はチェックしてみてください。この質問表は今でも様々な調査の指標に使われています。精神的健康度って、なんだか嫌だなあと思われる方は、チェックはとばしてください。得点が全部で13点以下になった場合は、カウンセラーや、親や先生、医療機関などに相談してみてください。今の段階でそうであっても、悲観しないで読み進めていただきたいです。これからのページで、ポジティブ心理学が提案する内容やエクササイズを実践する中で、ウェルビーイングの状態が変わることを期待しましょう。二週間後も変わらなかったら、やはり相談することをお勧めします。

「人生の満足度」を超えて

前章に紹介した幸福理論ですが、「幸福」を「人生の満足度」によって測定されることは、不十分であるとセリグマンは指摘します。人生の満足度は、調査のその都度の「幸福感」という気分に

影響されるからです。前節に紹介した精神的健康度もそうです。気分が沈んだ人はどうしても、その尺度では低い評価をしてしまいます。私も以前はそうでした。多分この本の読者の皆さんの多くもそうかもしれません。「幸せ」を気分で考えると、「ものすごい不幸」な人がたくさんいることになります。それでも、気分が沈んだ人（陽気で快活ではない人）も、自分の人生においてより良い状態であることを目指すことは可能であるとして、ウェルビーイングをめざそうとすることがポジティブ心理学の目標であるというのです。

この考えが広がってくると、自分のことを「陽キャ（陽気な明るいキャラクター）」でないから友だちがいない、自分は「陰キャ（陰気で暗いキャラクター）」だから、嫌がられているとして、悩み苦しんでいる多くの若者もきっと気が楽になることでしょう。確かに陽気で快活で気分よくいられることが人生の最大目標になってしまっては、人が生きることの価値はずいぶん下がってしまうように思います。現代の社会はあまりにそれを重視しているように見えます。

では、いったい何をポジティブ心理学は目標にするのでしょう。ウェルビーイングとは、自分の人生と地球上の幸福量を増大させることにあるとして、他との関連（社会的ウェルビーイング）も重視します。そのことをセリグマンらは「ポジティブ心理学は持続的幸福を目指す」と言います。持続的幸福は、英語では「Flourish（フラリッシュ）」と表現されています。直訳すれば繁栄する、繁茂する、花開くという意味です。そうなると個人の心理的満足だけでなく、多元的な指標が必要となってきます。ポジティブ心理学の本ではわざわざ、持続的幸福にフラリッシュとルビをふることがあるのは、日本語と英語のニュアンスの違いを両方ともに活かしたいという日本側のポジティブ心理学研究者たちの思いがあるからではないかと感じます。

持続的幸福を目指すウェルビーイング理論はどんな要素で構成されている？

ポジティブ心理学が目指すウェルビーイングは五つの要素から構成されています。各要素はそれぞれが単独で定義され測定されますし、それぞれがウェルビーイングに寄与します。また、その要素はそのものの良さのために多くの人が求めるものです。また、そのものの良さのために、基本的に、自由に選択されるものです。

その要素とは、ポジティブ感情（Positive & Pleasant emotion）、関与・充実を表すエンゲージメント（Engagement、セリグマンはエンゲージメントにフローが含まれるとも言及）、関係性（Relationship）、意味・意義（Meaning）、達成（Achievement or Accomplishment）の五つです。それらの要素の頭文字をつないで、ＰＥＲＭＡ（パーマ）理論とも言われています。図にまとめてみました（図４‐１）。最近はそれにプラスして身体的な要素として活力（Vitality）にも言及しています。身体的な要素がウェルビーイングに大きく関係することが分かったからです。

Ｐ：ポジティブ感情（Positive & Pleasant emotion）

ウェルビーイングの基軸となる要素で、現在の状態における主観的な快の感情。前向きな感情や良い気分。セリグマンらとも共同研究をする、バーバラ・フレドリクソンは、それらをポジティビティとして、一〇のポジティブ感情を挙げています。[4] あなたもどんな感情があるか考えてみてくだ

図4-1　セリグマンのPERMA（パーマ+V）モデル

ウェルビーイング

P	ポジティブ感情　　（快適な感情）	前向きな感情や良い気分
E	エンゲージメント　（≒フロー）	関与　没頭　充実
R	リレーションシップ　　関係性　つながり	人との良好な関係
M	ミーニング　　　　　意味・意義	何のために生きているか
A	アチーブメント・アコンプリッシュメント　達成	何を成して来たか

＋

V	バイタリティ　心身の活力	睡眠・食事・運動など

the flourishing center.com を参照して作成

さい。

バーバラ・フレドリクソンの挙げた一〇のポジティブ感情は次の通りです。①喜び②感謝③安らぎ④興味⑤希望⑥誇り⑦愉快⑧鼓舞《こぶ》（英語の inspiration の訳としての鼓舞）⑨畏敬⑩愛。彼女は、多くの研究からこれらの感情が人々の生活の中に色濃く表れているので、代表的なポジティブ感情として取り上げるのだと説明しています。⑧の鼓舞については「人間のすばらしさに出会う時におこる、奮い立つような感情で心が熱くなる」と説明しています。そういわれてみればスポーツの素晴らしいシーンに心を奪われたり、音楽や絵画などの芸術に触れて感動したりすることは誰の日常にもあることですから、自分自身のポジティブな感情を増やしてウェルビーイングの向上を目指そうとするなら、大いに注目するべき感情と言えます。また、愛はすべてのポジティブ感情を含んでその上位に存在するものだとしています。愛については後の章（九章）でもみていきましょう。

ただ、感情は移ろいやすく、自分の中に表れても、しっかりつかもうとすると消えてしまうものでもあるのです。その感情が起こっていることをキャッチし、その感情の引き金になった出来事をきちんと認識することで、ポジティブ感情を増やすこともさらに楽になるかもしれません。

ポジティブ感情は安全信号として感じられ、行動も拡張されると言われています。ポジティビティは精神の働きを広げ、人の関心範囲を拡大するといいます。精神の働きが広がると、創造性が喚起されると説明されています。思考と行動のレパートリーが増え、その人の持つリソース（資源）が増えます。ポジティブ感情を、刹那的な一瞬の快感情とのみ考えるのではなく、まずは自分自身のこころがポジティブな方向を目指すための大切な指標としてとらえてみてください。


一方でネガティブ感情についても考えてみましょう。

ネガティブな感情を表す言葉の数々を読むだけで、辛い気持ちとその時のイメージが沸き上がってくる人もいるかもしれません。これらの感情を体験してこなかった人は誰もいないと思います。人が時にネガティブな感情を持つことは当然で、それこそが、危険を警告する感情となるのです。たとえば、大切な人を失った時の哀しみや悲嘆は、自分をいたわりその危機を切り抜けるために必要な感情です。何かしら不正義が行われている時に感じる怒り、自分自身の心身の安全が脅かされている時に感じる不安や恐れは、自分の身を守るための正しいネガティビティと言ってもいいでしょう。その感情からくる反応としての行動も危機回避的になります。自分の行動が縮小し、関心範囲も狭くなります。でもネガティビティにも意味があるのです（七章でさらに考察します）。ポジティビティが増大し、活動が拡大すれば、思わぬところで危険な落とし穴に入り込むかもしれません。人生はいつも成功するとは限らないからです。そういった時に、適切なネガティビティは警告し、現実に引き戻し、取り返しのつかないほどの痛手にならないように身を守ってくれます。

両方の感情が必要なものだとしても、ポジティブ感情とネガティブ感情のバランスについてはどうでしょうか。3：1でポジティブ感情が大きいほうがよい、とフレドリクソンは主張していましたが、今はその比については研究によって差があるので、厳密に数値化して考えなくてもよいようです。でもポジティブ感情が大きい方が、人生に広がりが出て、ウェルビーイングが増大することはまちがいありません。WHO‐5精神的健康状態表などで、数値が低かった人は、ポジティブ感情を増大させるエクササイズ4‐1に挑戦してみてください。

ここで、事例を見てみましょう。

【事例9　瑠奈さん（高一）】

瑠奈さんは学校に行けなくなってから一年間じっと家にひきこもっていたが、その間にスマホを買ってもらった。SNSで好きな音楽を聴いたり、気に入ったアーティストを追いかけたりしているうちに、自分自身も映像を見ながら自然にダンスをするようになった。何も考えずにダンスに熱中していると気持ちが楽になってくると話してくれた。そして中三では少しずつ、学校にも顔を出し（教室には行けなかったが）、卒業後は通信制の高校に進学した。通信制と言っても学校に通学して授業を受ける場面もある。友だちもできて文化祭にはグループでダンスのパフォーマンスもした。高二になって、今は今後の進路も考え始めている。まだ、心の奥底には不安があると語っているが、自分の感情についてずいぶん意識的になり、言葉で表せるようになってきた。そして、カウンセラーから提案された「三つの良いこと日記」を二週間続けて書いているうちに、ポジティブな出来事への気づきが増えてきている。「友だちと会話するとき、緊張する」「暗いと思われているにちがいない」などと日々考えていた自分が嘘のようだという。「友達とお昼誘って食べれたことも嬉しかったし、同じ趣味を持ってる友達と話せたことも幸せでした」と書いてる。三章で紹介した修道女のように、「嬉しい、幸せ」という言葉が自然にでるようになってきている。

◇エクササイズ４‐１　三つの良いこと日記

エクササイズ4-1　3つの良いこと日記

今日1日を振り返ってよかったことを3つ記入する
①
②
③

「良いことなんかありません」「どうせ、書いてもいつも同じことしか書けないので、続けられない」という悩みを聴きながらも、カウンセリングの場では、良いことを見つけることを大切にして、カウンセラーも積極的に関わります。クライアントとカウンセラーの共同作業として、ネガティブに焦点づけられていた認知について検討し、そこでポジティブな要素が見つけられるようになると、不思議にその人を取り巻く環境にまで変化が表れます。その人の認知が良いことを見つけ、ポジティブ感情が湧いてくることで、行動が拡張し、新しい行動を作り出すということが起こっているように思います。「三つの良いこと日記」のパワーはあなどれません。できたら、誰かと交換日記風にするとよいです。お互いにポジティブなフィードバックしかしない（否定やアドバイスはしない）ことを約束して、やってみてください。

ペンシルバニア大学のペン・レジリエンシー・プログラムの「三つの良いことエクササイズ」では、毎日、三つ挙げた上に「この良いことは、なぜ起きたのだろうか」「そのできごとは自分にとって何を意味するのだろうか」「将来、どうすればこのような良いことをもっと経験するのだろうか」の三点についてコメントすることも求められています。さらに深めたい方はこちらも是非やってみてください。このプログラムは世界のいくつもの国々の高校や大学で、レジリエンスを高めるための教育プログラムに取り入れられています。レジリエンスについては六章で詳しく述べます。

私自身も、ポジティブ心理学の講座でお話しする前には「三つの良いこと日記」を二週間つけます。また、仕事のストレスが大きい時にもおすすめです。仕事のストレスへの対処（コーピング）としても優れた効果を示します。

E：エンゲージメント〈Engagement〈Flow〉〉

エンゲージメントとは、積極的に物事に関与することです。日本語には婚約という言葉が先に紹介されていますが、engageという動詞は従事する、携わる、忙しくする、交戦する、歯車がかみ合うなどと訳されています。仕事や学業、趣味などに関わる姿勢と考えてください。

ポジティブ心理学ではこの言葉を説明するときに、フローという状態も併せて説明しています。フロー理論を提唱した心理学者のミハイ・チクセントミハイ博士は、フローとはその時にしていることに完全に浸り切って集中している精神状態で、時間を忘れる忘我状態であるとしています。[5][6]具体的なことに、一生懸命（我を忘れて）取り組むことによって得られる達成感や充実感、解放感が気分向上をもたらし、ウェルビーイングにつながると説明されています。

スキル（自分の能力）とチャレンジする課題とが最適な均衡状態にある時に起こりやすい、と研究からわかっています。スポーツの場面では、ゾーンという言葉で説明される状態と似ています。似ている状態である、夢中でゲームや賭け事をしている状態などは、「ジャンク・フロー」とか「擬似フロー」ともよばれていて、こちらはウェルビーイングの向上には寄与しないと言われています。労働の場でも近年、ワークライフ・バランス（仕事と生活の調和）[7]のほかに、ワーク・エンゲージメントという働き方が、バーンアウト（燃え尽き症候群）を防ぐ働き方として注目されています。ワーク・エンゲージメントの状態を次に示します。[8]

①仕事に誇りややりがいを感じている（熱意）

②仕事に熱心に取り組んでいる（没頭）

③仕事から活力を得ていきいきとしている（活力）

この三つの条件で言われている「仕事」を「学び」に置きかえてみてください。学びの場でも、「スクール・エンゲージメント」とか、「学びのエンゲージメント」という言葉で近年言及されていますが、学校に行きづらくなった人たちにとっては、逆にエンゲージメントしづらい環境であったからこそ、学ぶ喜びを感じることができなくなったのだと言えるかもしれません。

仕事でも学びでも〇〇のためにエンゲージメントを増やすという発想ではうまくいかないのかもしれません。自由で安全な環境の下でなくては本当にエンゲージメントすることはできないのではないかと私は思います。大人はもっともっと、教育や学びの場について、子どもたちがエンゲージするという意味を考えなければならないのではないでしょうか。

R：リレーションシップ（Relationship）

人との良好な関係性であり、つながりを示す言葉です。自分は孤独ではなく、だれかとのつながりの中で生きていると感じられること。家族や友人という濃密なつながりばかりでなく、職場や地域、趣味のつながりなどでも、サポートをし合う関係性があれば、ウェルビーイングに寄与するとされています。この指標は、感謝や利他行動によって強められます。三章に取り上げられた「幸せの四因子」の中にも「ありがとう！」因子（つながりと感謝の因子）として取り上げられていました。

実際に感謝の手紙を渡さなくてもかまいません。日頃、「感謝」という感情を忘れがちですし、その人たちとのつながりもあまり意識はされていませんから、それを意識することができるとよいです。自然やバーチャルなキャラクターなどでも自分とのつながりとして意識されると世界が広がりますし、一人ではないと思うことができます。人は社会的なつながりを意識すると、安全感が増すと言われています。

【事例6　一郎さん（高三）】

「（一章参考に）……一郎さんは、オンラインでも参加せず、学校にも行かなくなってしまった。大学をどうするという話が進んでいる。自分はまじめな性格と思う。学校とはなんだ？　なぜ勉強するのかと考えると、それらが解決しない限り、何かをしようとする意欲がわかない。心も体も固まっていると思う。カウンセリングには、とにかく家を出ることを目的に通っているが、生きる意味がつかめないので、この先何もできないと思う。生きていても仕方ないと思うこともあると語る時には、涙がにじむこともある」

カウンセラーとの対話だけでは、なかなか苦しい状況から抜け出せないでいた一郎さんに、どんなことになら関心がもてそうかお聴きしました。小学生の頃、外国にルーツがある子どもと同じクラスで隣の席になったとき、その子に漢字の読み方を教えてあげて、すごく喜ばれたという思い出を語ってくれました。そこから、もしかしたらボランティアで外国の人に日本語を教えるサークルがあるかもしれないという話になり、一郎さんは自分で近所の市民センターでやっている日本語学習サークルを見つけてきました。そこには主婦や高齢の人たちが多く集っていたとのことですが、高校生の彼にもオブザーバーで参加してみたらと言われて通い始めました。自分から動き始めた彼は少しずつ未来も見るようになってきました。ボランティア活動によって人とのつながりを取り戻し始めた一郎さんは、今、外国での活躍を視野に進路を考え始めています。

M：意味・意義（Meaning）

人生の意義と目的とは、自分は何のために生きているのかを意識していることと言えるかもしれません。他者とのつながりや関係性が、人生に意味や目的をあたえるとセリグマンはいいます。自己価値観につながる、正義や倫理、社会的評価など客観的な指標についても認識され、「自分のやっていることは有益で価値のあることだと思う」という意味付けがなされていることがウェルビーイングにつながるといえます。それこそ、そのものの良さのために人々が追求するものといえるでしょう。

今の若い人には遠い世界かもしれませんが、第二次世界大戦中のドイツでは、ヒットラー率いるナチス政権の下で、ユダヤ人を強制収容所に閉じ込め強制労働をさせるという政策がとられていました。いつ死んでもおかしくない収容所での生活でした。精神科医のヴィクトール・E・フランクルは、強制収容所での生々しい体験を書物に綴りました。その本を読むと、過酷な収容所の生活を生き延びるには、「なぜ生きているのか」という意味を自分に問うことが重要であることが語られています。「生きていることに何かを期待する」という姿勢ではなく、その問いを反転させて日々生きているということから「自分に問いかけられている」ことは何なのかということに真摯に向かい合うことで、日々の生活で直面するあれこれに、行動や適切な態度で正しく答えることができ、それこそが生き延びることにつながっていたというのです[9]。苦しい生活の中に活路を見出すためには、とても示唆に富むフランクルの体験談だと思います（九章で希望としても取り上げます）。

また、ポジティブ心理学には、「徳性の強み」という概念があります。一般的に考えられている長所とか得意という概念とは一味違った「強み」についての考え方です。「徳性」ということばで、人が「そのもの良さ」として、態度や行動で求めていくことがまとめられています。次の章で、詳しく見ていきましょう。

A：達成感（Achievement or Accomplishment）

セリグマン自身は、最後のAをAccomplishmentして説明しています。この聞きなれない英語で理解することに抵抗がある人もあるかもしれないですね。日本人は、アチーブメントとしてAをとらえる方が分かりやすいかもしれないと考えた人が多かったのか、アチーブメントを用語として選んでいる本が多いです。二つは似たような意味だけど、詳しく見ていくと、違いがあります。Accomplishmentは、やるべきことをきちんと遂行した暁に手に入れる達成感や技能・スキルです。アチーブメントは努力の末、問題をのりこえ手に入れた業績や成績などの達成と私は解釈しました。どちらも大切です。達成がなければ、続けていく動機が手に入りません。

大きな達成を目標とすると、なかなか手が届かず、失意を重ねることになります。日々の生活の中で、どんなに小さいことでも目標としてとらえ直し、課題に取り組む過程をこそ目標とみることができるようになると、できたことを達成とみる力がついてきます。

【文献】

（1）マーティン・セリグマン、宇野カオリ監訳『ポジティブ心理学の挑戦』ディスカヴァー・トゥエンティワン、二〇一四年
（2）日本WHO協会訳 https://japan-who.or.jp/about/who-what/identification-health/
（3）© Psychiatric Research Unit, WHO Collaborating Center for Mental Health, Frederiksborg General Hospital, DK-3400 Hillerød 日本語版 Japanese Version（July 2002）Shuichi Awata, Associate Professor, Department of Psychiatry, Tohoku University Graduate School of Medicine, 1-1 Seiryo-machi, Aoba-ku, Sendai 980-8574, JAPAN,
（4）バーバラ・フレドリクソン、高橋由紀子訳『ポジティブな人だけがうまくいく 3：1の法則』日本実業出版社、二〇一〇年
（5）ミハイ・チクセントミハイ、今村浩明訳『フロー体験 喜びの現象学』世界思想社、一九九六年
（6）クリストファー・ピーターソン、宇野カオリ訳『ポジティブ心理学入門』春秋社、二〇一〇年
（7）仕事と生活の調和 - 厚生労働省 https://wwwa.cao. go. jp
（8）島津明人編著『職場のポジティブメンタルヘルス』誠信書房、二〇一五年
（9）ヴィクトール・E・フランクル、池田香代子訳『夜と霧 新版』みすず書房、二〇〇二年

第五章　あなたの強みを活かす

徳性としての強み

ポジティブ心理学でいう「強み」とは、なんでしょう。つい先日、相談室で、ある方に「あなたの強みについて考えてみましょう」と提案したところ、「わたしには強みはありません」と言われてしまいました。「長所」「才能」という言葉や「得意」という言葉と混同しているようでした。この章で言う「強み」とは、その人らしさの表れた、その人の「心が得意」とすることです。もう少し詳しく言うと、洋の東西、昔も今も人々が「人のよい生き方」として求めているありかたの中で、特に自分らしい面をいいます。だから人と比較することなく、だれにでもその人らしい「よさ」はあるのです。

ポジティブ心理学では、人のよい生き方を構成する諸要素について研究してきました。それらは、「ＶＩＡ（Values In Action 生き方の原則）研究プロジェクトチーム」で研究された「強みとしての徳性と美徳（キャラクター・ストレングス）」としてまとめられています。[1] 省略されて「徳性としての強み《キャラクター・ストレングス》」とルビを振って言われることもあります。この章では、それについて紹介します。自分の中にある強みを理解し、認識し、育てていくことで、力強いウェルビーイングを実現していく手助けにしていってください。

日本語になっている「キャラクター」は性格とか人物（劇や漫画の登場人物）という意味で理解されていますが、英語では品性・品格など道徳的な面や倫理的な面における個人の性質という意味もあり、この章で言及するのはこちらの方です。自分に「徳性としての強み」があるということに気づき、さらに日々の生活の中でそれらを意識した行動を積み重ねることで、自分の人生を意義深く、よりよく生きることができるようになる、とポジティブ心理学は教えてくれます。誰にでもある「徳性としての強み」という認識を持っていただきたいです。

「VIA」の研究の中心となってきたクリストファー・ピーターソン博士らは、広く影響力を持つ各国・各地域の文化、宗教、哲学の伝統に関する調査により、いくつかの核となる美徳を特定しました。「強み」は①普遍的であること、②充実感をもたらすものであること、③道徳的に評価されていることなどから判断され、特定されました。それらは「知恵、勇気、人間性、正義、節制、超越性」という六つの美徳にまとめられ、さらに人々がこれらを語るときは、もう少し具体的な言葉で語っていることから、六つの美徳が細分化されています。項目の順番や項目に含まれる細分化された要素については、同じ「VIA - IS強み診断テスト」でもセリグマンによるものとピーターソンによるものとでは多少内容に違いがありますが、大差はありません。ここでは分かりやすさを重視してピーターソンに準拠して説明します。

知識と知恵に関する強み

よい生き方をするために、情報を獲得し利用することに関係するポジティブな特性を含んで、認知的働きの側面から成っています。

①創造性……ものごとに取り組むとき、新しく、創造的なやり方を考える。芸術的達成も含むがそれに限定されない。

②好奇心……現在起きているあらゆるものごとに興味を持つ。あらゆる主題やテーマについて面白く感じ、探究と発見を好む。

③向学心……独学でも学校教育を通してでも、新たなスキルやテーマ、一連の知識をマスターする。既にある知識の上に新たな知識を体系的に積み上げる傾向をもつ。

④柔軟性……ものごとを徹底的に考え抜き、あらゆる角度から吟味し、結論に飛びつかない。証拠に照らして、考えを変えられる。

⑤大局観……自分自身にも、他の人にも意味を成すような世界観を持ち、自分自身にも他の人に対しても賢明なアドバイスを与えることができる。

勇気に関する強み

外部又は内部からの反対にあいながらも、目標を達成するような意志力の行使を伴うものです。

⑥誠実さ……真実を語り、自分を飾らずに表現する。偽ることなく存在し、自分の気持ちや行動に責任を持つ。

⑦勇敢さ……脅威や試練、困難、苦痛にひるまない。反対にあっても正しいことを発言する。たとえ嫌われても信念にしたがって行動する。

⑧忍耐力……一度始めたことをやり遂げる。課題をやり遂げることに喜びを感じる。障害にあっても、行動計画を守ろうとする。

⑨熱意……人生にわくわくしながらエネルギーをもって臨む。中途半端、またはいい加減にものごとに対処しない。

人間性に関する強み

他人との思いやりある関係において発現するポジティブな特性を含みます。人の面倒を見たり、親しくなったりする気質のことでもあります。

⑩親切心……他人のためにつくしたり、よいことをしてあげたりする。他人を助け、世話をしてあげる。

⑪愛情……他人との親密な関係に価値を置き、特に共有したり思いやったりすることが双方、報われる関係にある。

⑫社会的知能……他人及び自分自身の心の動きや気持ちに神経が行き届いている。異なる社会的状況に適合するために何をすべきか分かっている。

正義に関する強み

社会的であり、個人とグループ、または共同体の間の最適な相互作用に関係するものであるといえます。多数の間の関係性における強みです。

⑬公平さ……公平さと正義の概念に基づき、すべての人を同等に扱う。皆に平等な機会を与える。私情をはさむことで他人に対する判断がくもらない。

⑭リーダーシップ……自分が属しているグループを励ましながら、ものごとを成し遂げ、同時にグループ内でよい関係を助長する。

⑮チームワーク……グループまたはチームの一員としてよく働く。自分の分担を引き受ける。

節制に関する強み

人を行き過ぎた行為から防御するポジティブな特性といえます。憎悪に対しては寛容さと慈悲心が、傲慢に対しては、謙虚さと慎み深さが防御してくれます。節制に関する強みは人々の活動を調整してくれるものといえます。

⑯寛容さ／慈悲心……間違いを犯した人をゆるす心を持つ。復讐心を持たない。

⑰慎み深さ／謙虚さ……自分の業績を自慢したりせず、進んで注目を浴びようとしない。

⑱思慮深さ……自分の選択について用心深い。過度の危険を冒さない。あとで後悔するかもしれないような言動をとらない。

⑲自己調整（自律心）……自分の気持ちや行為を調整する。規律正しさ。自分の食欲や感情を統制（コントロール）できる。

超越性に関する強み

自己よりも大きな森羅万象の一部または全部を受容するために他者自体を超えたものを志向し、人生の超越的な側面（非物質的）を信じて、そこに自らを委ねようとすることです。

⑳審美眼……自然から、芸術、数学、科学、日常の経験に至る人生のあらゆる領域において、美や卓越性や優れた能力を認め、それらを高く評価する。

㉑感謝……よい出来事に気をとめて感謝する。感謝を表すための時間を持つ。

㉒希望……未来に最高・最善のことを期待して、それが達成されるよう努力すること。よい未来がもたらされると信じること。

㉓ユーモア……笑ったり、からかったりすることを好む。他の人を笑顔にする。ものごとの明るい面を見る。

㉔宗教性／スピリチュアリティ……宇宙のより高次の目的と意味について一貫した信念をもつ。人生の意味について信念を持っており、信念に従って言動を形成する。

才能との違いは？

これらの強みは、道徳的に評価されていて、それ自体が目標として追求されているものです。しかし、「ＩＱ（知能指数）」「絶対音感」「運動能力」等との違いはどこにあるのでしょうか？ プロスポーツ選手の活躍は多くの人にとって、見ていて楽しく、彼（彼女）らの活躍を応援したくなりますが、自分自身がそうなりたいと望む人はそう多くはないでしょう。その背景に「自身の才能」という要素があるからです。しかし、「知識」や「知恵」を求めることは誰にでもできます。道徳的に見て、賞賛に値する態度や行動は、誰でも可能なのです。また、自分の「親切心」や「好奇心」を発揮しなかったからと言って、非難もされません。徳性としての「強み」は誰の中にもその芽はあるものです。ただ国や地域によってはあまり重要視されない「強み」もあるかもしれません。あなたにとってもそれは同じです。すべての「強み」を同じように求める必要はありません。

とっておきの「強み」をみつけよう

人はそれぞれ違った両親から生まれ、違った育ち方をしてきました。好みも違えば、大切にしている価値観も違います。それでも「ＶＩＡ24」の項目は（科学的な調査によって裏付けられた）誰の心の内にもある世界共通のよりよい生き方に関する「強み（美徳）」のリストと考えてみてください。自分の心の中にある「強み」は、何だろうと探索してみたくなったかもしれませんね。冒頭にふれた人のように「何もない」という人もいるかもしれませんし、「いやいやそれは、人が求めるべきことなのだから、私には全部ありますよ」という人もいるかもしれません。実際にワークショップでチェックリストをやってみると、全項目に1をつける人、全項目に5をつける人にも出会ったことがあります。

でも、考えてみるとある生活場面で、人との関係や自分の課題に直面した時に発揮する「強み」はたがいに片方を立てれば片方が立たない関係（トレードオフ）になっているものも少なくないのです。例えば、「チームワーク」という強みを発揮しようとすると、「勇敢さ」を発揮することが難しくなることもあるでしょう。「好奇心」に駆られていろいろ探索してみたい人にとって、「思慮深さ」を発揮して失敗しないように、後悔しないようにとすることは難しいことかもしれません。でも、その「好奇心」が「高い山に登る」ことだったり、「カヌーで川下りをする」ことだったりするなら、その途中ではいくらでも「思慮深さ」を使う場面はありそうです。トレードオフばかりでなく、強みは重層的になっていて、場面、場面で発揮するものが違うこともあります。

ですから、あなたはその強みを日常の生活の中で、どんな場面で、どれほど使っているかと考えてみてください。「いや、ずっと家にいて誰とも話していないし、どこにも行っていないし」という方も、家族との会話や友人とのSNS上のやり取りでは、「思いやり」や「ユーモア」を発揮しているかもしれません。ゲームの中では「忍耐力」や「大局観」を発揮して、日々のゲームを勝ち抜いているのかもしれません。「全部ない」「全部大いにある」という気持ちになったかたも、改めて自分という人間の「徳性のよさ」を探求する気持ちでこの先を読んでください。

【事例10　渉さん　一六歳】

高校一年生の渉さんは、「勉強が嫌い」「ぼくは勉強ができない」と常々言っていた。それは小学校一年生の頃からずっとそうで、漢字テスト、計算テストなどがあっても、コツコツ練習をしていくことが苦手なのだという。では、理科や数学でパッとひらめき、難しい方程式が解けるのかというと、それもチンプンカンプン。「何しろ、勉強とはずっと縁のない生活だったもんで、フフ」と笑っている。「だから学校には行かなくていいの！」と割り切っているようだが、実際の生活では、ずっといじめられてきたことからくる苦しみで辛い日々を送ってきていた。道ですれ違う人も自分を笑っているような気がすると話していた。外出困難と昼夜逆転の生活から抜け出せないことを主訴に来談。渉さんは、漫画を読んだり、インターネット上のサイトから情報を得たりすることは得意のようだった。カウンセリングが始まってから一年半ほどたってから、毎回、携帯電話に「カウンセリングで話すこと」という記録をつけて来るようになった。「素晴らしいね。どうして？」というと「ネットで知ったことを、専門家の先生に聞いて確かめてみたい」というのだった。ボールペンや鉛筆で書くことはとても苦手なのに、指を動かすスワイプという作業は楽にできると言う。このことを聞いて「あなたは、考えることが得意なのね！」というとうなずいていた。「それに、知りたいという好奇心もすごいね」と言うと「ぼくは小さいころから、周りの人がなんでそんなことを言うのか、なんで本当のことを考えないのかと思ってきた。まわりはみんなバカばかりとまで思っていたけど、そう思う自分もバカなんだと今は思えるけどね（笑い）」というのだった。時に難解な論理展開をしてくる彼との会話はスリリングだけど、楽しみでもある。納得しないと動けないという彼に「好奇心」や「知的柔軟性」という「強み」を見出し、それを伝えてからは、カウンセリングの質が変わってきたように思う。「納得しないと動けない」ということは知的柔軟性の対極にあるこだわりや頑固さのようにも思えるが、彼の場合は早わかりしないで、多くを考えて納得しようとする態度なのだから、知的柔軟性と言えるのではないかと思う。まだまだ、いじめられていたときの苦しみを癒すためのセラピーは続くと思うが、自らを探索する彼の旅が始まっているので、希望をもって見まもりたい。

涉さんに、「好奇心」や「知的柔軟性」という「とっておきの強み」を見出し伝えたのはカウンセラーですが、その役はカウンセラーばかりでなく、家族でも、学校の先生でも、友達でもできます。まずは当事者である本人が見つけ出すことが早道かもしれません。

「とっておきの強み」とは個人を特徴づける強みであり、個人に備わり、是認され、頻繁に発揮されるものです。「とっておきの強み」の基準になるものをいくつかピーターソンの言葉から、ご紹介しましょう。

●強みに関して所有意識と本来感（これが本当の自分だという実在感）がある。
●強みを発揮する方法を、素早く学ぶことに長けており、実践される。
●強みには突然の悟り（ひらめき）で得られるような発見がある。
●強みを発揮するときには、疲労ではなく活力が得られる。
●強みを中心に自分に与えられた根本的な課題を創造して追求していく。
●強みを発揮したいという内発的動機づけ（賞や罰、評価など外から与えられた動機ではなく、自分のうちから湧いてくる、やりたいという気持ち）がある。

また、VIA研究所のライアン・ニーミック博士らは、三つのEとしてまとめています。[2] わかりやすいですね。日本語に訳された本では三つのKとして「肝心」「活力」「簡単」としています。

1 Essential（本質的）:「強み」を発揮しているとき、自分らしく感じ、本来の自分だと感じる。
2 Energized（エネルギーがわく）：その「強み」を発揮しているとき、エネルギーが満ちる感じがする。
3 Easy（簡単）：その「強み」を発揮することは自分にとって容易であり、ほとんど無意識で行える。

これらを読むと、自分に特徴づけられた「とっておきの強み」を探索したくなりますね。

ＶＩＡ24を受けてみる

前節で紹介してきた「ＶＩＡ24」の強みについてはインターネット上で簡単に診断テストを受けることができます。「ペンシルバニア大学、強みテスト」と入力して検索し、サイトに入ってください[3]。ページが出ると、右上に日本語を選ぶ場所がありますので、そこをクリックしてください（「ＶＩＡ研究所」のサイトからもテストを受けられます）。

そこで出てくるページは「Qestionnaire Center」という場所です。そのタイトルは日本語に訳されてはいません。いろいろな質問紙（テスト）の欄があり、中ほどの枠の下方に「短縮版　強みのテスト　24の徳性に基づく強みを測定します」とあります。若い人向けのテスト VIA YOUTH SURVEY（一〇歳〜一七歳）もあります。右端の Take Test という文字をクリックすればテストを受けられます。また、短縮版の下に「強みに関する調査票（ＶＩＡ）」という欄があり、「24の徳性に基づく強みを測定します」という言葉は変わりません。短縮版でない方は、質問の形が工夫されています。こういう結果が欲しいと思ってチェックしていっても、逆転項目（質問の方向が逆になっている）などがあり、より深くその人の強みが同定できるようになっています。質問問題は一二〇問あり、ゆっくり丁寧に考えていくと、二〇分から三〇分ほどかかります。その結果、五つの特徴的な強みの報告を無料で受けることができます。これらの一連の作業は、慣れていない人には難しいかもしれません。一人でできないときは、先生やカウンセラー、支援者などに助けてもらいましょう。また【ＶＩＡ強みテスト】最新の日本語版ＶＩＡ‐ＩＳ診断のやり方をご紹介というページを参考にして、やってみるのもよいかもしれません[4]。

テストは、あなたのとっておきの強みを明らかにしてくれます。この結果を使ってウェルビーイングを高めることが本来的な狙いですから、本番はこれからです。繰り返しになりますが、とっておきの強みを発揮するときは充実感が伴うものであり、結果的にその人の生活に活力が得られるとピーターソンは言っています。

簡易版強みテスト

外国のウェブサイトに入って、手続きをしてテスト結果を得るのはおっくうという方のために、私がピーターソンを参考にして作成した簡易版のチェックシートを載せておきます（表５‐１）。ここ一か月の間の生活の中で振り返って考えてみてください。あなたにぴんと来て、いつも使っている強みには5を、よく使っているものは4、ときどきつかっているものには3、あまり使わないものは2、めったに使わないものは1とします。その美徳が全くないということはないとして0はつけません。あまり悩まずに点をつけてみてください。

親や友だち、兄弟、カウンセラーなどにも「カンでよいから」と言って頼んでやってもらえると、人からみた強みが分かってよいでしょう。自分の評価と一緒になる項目がきっとあります。その中で高得点のものが、あなたのとっておきの強みと仮定しましょう。謙虚なばかりに低い数字がならび、「強みがないよ！」という方、ポジティブすぎてなんでも5にしてしまう方は、この二四時間に自分はその強みを使って、生活したか考えてみてください。きっと自分の中におけるそれぞれの項目の濃淡がはっきりしてくると思います。人に比べてではないので、あくまで自分自身の生活の中で見つけてください。できましたら、上位五つくらいの強みを「私のとっておきの強み」として、特定してみてください。

表5-1　24の強みテスト ①

自分をどう思うか、それぞれに1～5の点数をつけて、自分の強みを探していきましょう

美徳	点数	強み	特徴
知恵と知識		好奇心	あらゆることに興味があり、調べ物や新しい発見が好き
		向学心	学ぶことに意欲的。知っていることでも更に知識を深めようとする
		創造性	工夫するのが好き。新しいやり方を創り出すのが好きで得意
		大局観	物事の全体を見る力があり、将来を見通すことができる
		知的柔軟性	じっくりと考え、色々な見方ができる。確かな証拠があれば考えを変えられる
勇気		誠実さ	自分のことを正直に語る。地に足がついていてウソがない。約束を守る
		熱意	生き生きとしていて活動的。物事を中途半端にせず、一生懸命に取り組む
		がまん強さ	始めたことを最後までやり抜く。辛抱強い
		勇敢さ	苦痛や困難を恐れない。自分の考えにもとづいて正しいと思う行動をする
人間性		愛情	人と仲良くするのが好き。人と共感しあったり思いやったりする関係を大切にする
		社会的知性	人や自分の気持ちに気付き、色々なタイプの人とうまく付き合える
		親切心	人を助け、人の面倒をみる。人に対して良いことをするのが楽しい

表5-1　24の強みテスト ②

正義		公平さ	どんな人にも平等に接する。個人的な感情で人の評価をかたよらせることがない
		チームワーク	グループの中でうまくやれる。グループの中で自分のやるべきことを行う
		リーダーシップ	グループの人に、一緒に何かをさせるのが得意。グループ活動を組織して物事の達成を見届ける
節制		寛容さ	過ぎたことは水に流す。害を及ぼした人を許し、復しゅう心を持たない
		自制心	自分の気持ちやふるまいなどをコントロールできる。ルールを守る
		思慮深さ	目先のことに飛びつかず、注意深く慎重に行動する。後悔するような言動はしない
		慎み深さ	自慢したがらない。目立つことを求めない
超越性より大きな心		感謝	自分や周りに起こった良いことに目を向け、小さいことにも「ありがとう」と思ったり伝えたりする
		希望	明るい未来がもたらされることを信じる。一生懸命やれば望みは達成できると思い、努力する
		審美眼	あらゆる領域において、美しいものや優れたものを見つけ、その真価を認める
		スピリチュアリティ	目に見えない大きな力を信じる。人生の意味について信念を持ち、それに基づいて行動する
		ユーモア	人を笑わせたり、面白いことを考えたりするのが好き。いろいろな場面で明るい面を見ようとする

強みを育てる

インターネット上での「ＶＩＡ24」のテスト結果で特定されたものであろうと、簡易版で見つけたものであろうと「とっておきの強み」は、あなたにとって力強い味方です。事例から考えてみましょう。

【事例４　健斗さん（中二）】

　小一の時から学校嫌いだったという。小三の時の担任はやさしかったので何とか通えたが、小四からはパタリといけない日が増えてきた。コロナ初年度の小五の時には完全不登校となり、来談された。「学校の前を通るのも嫌。保健室も放課後の職員室にも絶対に行かない」という徹底ぶりであった。学校で何があったかを一切語らない。「覚えていない。友だちはいない。いらない」という。カウンセラーとも話すことはないというスタンスであるが、自分の好きなアニメの話なら、たくさん語ることができる。

健斗さんは、アニメが大好き。ストーリーや登場人物について、多くを語ることができる人です。時には作家論になり、時には比較文化論のようにもなります。その語り口を聞いていると、とても小学校六年生や中学生の考えとは思えないこともありました。健斗さんの背景にある強みは何かなと探索的に見ていくとき、思い当たりました。洗練された構成やストーリーの巧みさ、描かれた美しい図柄に感動する心が彼にはあることに思い至りました。作画上のよりよい技術や、心の美しさ

（気高い道徳性）などの人のよい側面を感じることができるのです。「審美眼」という強みが彼のとっておきの強みのように思えました。それを伝えると初めは「へっ？　何それ」という態度でしたが、今まで彼が私に語ってきたことは、自分が良いと感じたことを言語化して伝えることだったという私の考えには、納得していました。そして、家庭でも学校でも、過去にあまり安全を感じられる環境で生活していなかったことから、世界に対する深い失望を味わってきたこと、それでも「審美眼」ゆえに人の悪口は避けてきたこと、自分の内面にこもってアニメの世界で満足を得ていたことなどが語られてきました。少しずつ彼のナラティヴ（語り）が変わってきています。「もし、その強みを現実の生活で活かすとしたら？」という質問に「世界中のアニメ好きの人たちと思い切り会話がしたい」とのことでした。「友だちはいない。いらない」と語っていたのとはずいぶん違います。ピーターソンの言葉を思い出してみましょう。人は「強みを発揮するときには、疲労ではなく活力が得られる」「強みを中心に自分に与えられた根本的な課題を創造して追求していく」ことができるのです。自分の強みを発揮している時、自分らしさを感じるだけでなく、それは自分にとって、とても自然なことと感じられて、生活が活き活きとしてくるのです。きっと健斗さんもやがて、自分に与えられた根本的な課題を追求していくことができるようになることでしょう。

強みを活かす

【事例3　紗香さん（中二）】を思い出してください。紗香さんは、一年間、学校では一度も声を出していなかったのですが、「できたら二年になったら話をしたい。友だちはいらないが、必要な時には声を出したい。場面ごとのテンプレートを作るのを手伝ってほしい」と言って来談したのでした。

紗香さんは声を出して人と話すのが苦手でした。何か言おうとすると、言葉が喉にひっかかって声にならないというのです。そこで、二年生になって隣の席になった人と会話するためのテンプレート（想定問答集）を作りました。実際の場面では想定通りに会話が進む訳ではないのですが、まずは何を声に出すか分かっているので、安心と言っていました。月一回程度のペースの来談でしたが、一学期を無事に乗り越え、少しずつ会話もできてきて、各教科のグループ活動でも声を出して意見を言えるようになってきていました。二学期になったばかりの九月の来談で、「わたし、もしかしたら、みんなに信頼されているかもしれない」と言い出しました。七月末には「修学旅行が心配。またテンプレートを作りたい」と言っていたのに、どうしたことでしょう。聞くと「修学旅行の班長に選ばれた。理科のグループ学習でも班を代表して意見を言うことがあった」とのことです。二人で「どうしてだろう？」と話しているうちに、わたしは「紗香さんは、自分の考えを、直ぐには声に出して言う人ではないところが、ほかの人にはない良さとして、クラスの人には認識されているかもしれないね。余計なことを言わない。人を傷つけることは言わない。じっくり考えた意見だから、的を得ているのでみんなに納得されやすい。だからあなたの発言に安心していられるということかも。それってあなたの強みだよね」と言い、彼女も「そうかも」と納得したようです。人と気楽に話せない、声を出せないという彼女の困りごとが「思慮深さ」という強みとして立ち現れてきたのです。いったん強みとして認識すると、彼女は学校生活のあれこれの場面で無理に発言をしようとはせず、思慮深さを追求して、「言うべきこと、言わなければならないこと」を言うだけでよいのだと安心できたということです。修学旅行での班長の仕事も、「言わなければならないことだけを言うのは、かえって楽だった」と言っていました。そうして学校生活が楽になった彼女の相談は終了しました。

強みは、本人が生活のあれこれの場面で意識して使うことで、生活に充実感をもたらすばかりでなく、自分らしく生きることへつながっていきます。

◇エクササイズ５‐１　とっておきの強みを活かす

あなたのとっておきの強みを、あなたの夢や希望に向かって使ってみませんか。今までとは違った形で使ってみてください。まだ一度も使っていない場面や人に対して使うとさらにその強みが強化されます。

例えば私のとっておきの強みは五年前のセリグマン博士の来日時に受けた「ＶＩＡ24」では「①向学心②好奇心③スピリチュアリティ④公平さ⑤寛容さ」でした。今回この本を書くに当たって再度テストを受けてみたのですがあまり変わらず、「①向学心②好奇心③公平さ④寛容さ⑤親切心」という結果でした。いずれの強みも私にとって、３Ｅ（Essential：本質的、Energized：エネルギーがわく、Easy：簡単）であり、３Ｋ（肝心・活力・簡単）でもあります。日常的によく使っている強みです。テスト結果には納得です。

エクササイズ5-1

強みを使うシート

今めざしたい、あなたの希望

あなたの目標（希望）	目標を達成するために使う強み	その強みをいつ、どのように使うか
①		
②		
③		

目標は小さく小刻みに、設定しましょう

強みはとっておきの強みを複数、組み合わせて使いましょう

今まであまり使っていない面で使ってみましょう。できたら新しい場面を見つけて使いましょう

エクササイズ5-1（2）（筆者の場合）

強みを使うシート

今めざしたい、あなたの希望：ポリヴェーガル理論について理解を深め、本文で説明できるようになる

あなたの目標（希望）	目標を達成するために使う強み	その強みをいつ、どのように使うか
① 参考図書を読み込み神経について理解する	向学心・好奇心	・本を読む時間を作る。夜と朝（睡眠の前後）、電車の中、隙間時間 ・インターネットを有効に使う ・基礎からわかるように、専門用語に取り組む、あきらめない（図に書く）
② 学会やワークショップに参加し、体験する	好奇心・スピリチュアリティ	・学会に参加し、複数の関連事項を繋いで、理解する。生身の人の声で学ぶ ・自分の身体と心を使って精神性を高めながら、ポリヴェーガル理論の良さを身をもって体験する
③ 文章にまとめ、先達に教えを乞う	公平さ、寛容さ	・文章にすることで、あいまいな理解がはっきりする　（今まではあいまいな理解でよしとしていた） ・遠慮する気持ちを抑えて津田先生にアポイントを取り、疑問点を質す

目標は小さく小刻みに、設定しましょう

強みはとっておきの強みを複数、組み合わせて使いましょう

今まであまり使っていない面で使ってみましょう。できたら新しい場面を見つけて使いましょう

確かに「向学心」と「好奇心」は自分にとっては自然すぎるくらい自然な強みと思います。「向学心」は心理学や児童学などの面で発揮してきました。好奇心も主に人文的な面で発揮してきたと思います。それを普段あまり使わない場面で発揮するというと、いったいどんな場面でつかったらよいのでしょう。今思い当たるのは「自然科学」や「産業技術」の面にはなかなか近づこうとしなかったことです。「ロボット・人工知能」や「動植物・博物学」などの面で発揮するのもよいかもしれません。それよりもリアルタイムで直面している問題があります。私は、この本を通して不登校やひきこもりの生活を送っている人に対して、認知面や感情面でポジティブ心理学を通じてウェルビーイングを探索していただきたいと願っています。同時に「ポリヴェーガル理論」を中心にして「身体や神経」の面からも考察し、そのエッセンスをお知らせして、安全感をもって楽しく暮らしていただきたいと願っています。この本にも紹介したいと考えていますが、ポリヴェーガル理論は、精神生理学という理科系の分野ですので、関心がありながら今一歩正確な理解に届かない感がありました。それについて「向学心」を発揮したいと今は考え始めています。「難しい」けど「目標を細分化しながら」「少しずつ取り組んでいく」ならなんとかチャレンジできるのではないかと考えています。このエクササイズに取り組んでみてよかったです。あなたも、ワークシートに書き込んでみるところから始めてみませんか。

強みを育てて、幸せに

エクササイズ5 - 1は、ワークショップなどで他の人と一緒にやってみるのもよい方法です。強みを意識するだけで人生が変わってきますが、さらに積極的に自分の強みを育て、しかも人との関係に役立てていこうとするものです。ＶＩＡ研究所では、「ストレングスビルダー」というプログラムになっているそうです。

その前に、まずは24の強みをもう一度認識して、頭に入れておきましょう（表5‐1）。

ステップ1　まわりの人の強みを認識し、認める（評価を含む）。相手に伝えることで、自分も相手も元気になります。

ステップ2　自分のとっておきの強みを振り返る。とっておきの強みを新しい方法で使う。

ステップ3　自分の強みを人生の難題に活用する。

ステップ4　目標を設定して、強みを使うことを習慣にする。（使用頻度、使い過ぎにも気をつける）

パワフルな方法ですが、一人ではステップ4まで到達するのは難しいかもしれません。その場合は文献（2）を参考にしてください。

また、日本では松隈信一郎博士が、強みを活かして、不登校・ひきこもり支援の実践をされています。その方法を「子どもの花（強み）を育てる」ガーデンアプローチとしてまとめていらっしゃいます。参考になることも多いですので、「強み」に関心のある方はこちらも読んでみてください[5]。

【文献】

（1）クリストファー・ピーターソン、宇野カオリ訳『ポジティブ心理学入門』春秋社、二〇一二年
（2）ライアン・ニーミック、ロバート・マクグラス、松村亜里『強みの育て方「24の性格」診断であなたの人生を取り戻す』WAVE出版、二〇二一年
（3）Questionnaire Center ; Authentic Happiness（upenn.edu）http://www.viacharacter.org/Survey/Account/Regi
（4）【VIA強みテスト】最新の日本語版VIA－IS診断のやり方をご紹介 xn-via-le4bpltcp6026g.com
（5）松隈信一郎『ポジティブ・サイコロジー 不登校・ひきこもり支援の新しいカタチ』金剛出版、二〇二〇年

第六章　逆境から回復する力――レジリエンス

この章では、辛い状況から立ち直る力（レジリエンス）が誰にでもあることについて述べます。広辞苑によれば逆境とは「思うようにならず苦労の多い境遇」とされています。レジリエンスに気がつき、その力を育てていくならやがて目の前の苦労の多い境遇への向き合いかたも変わってくることでしょう。

生きるうえで最も偉大な栄光は、決して転ばないことにあるのではない。転ぶたびに起き上がり続けることにある　ネルソン・マンデラ

あなたの生涯でもっとも輝く日は勝利の日ではない。それは悲嘆と絶望の中にありながら人生に立ち向かった日である　ギュスターヴ・フローベル

レジリエンスとは

一章で述べたストレスに対して、レジリエンスという言葉があります。ポジティブ心理学では主

図6-1　ストレス

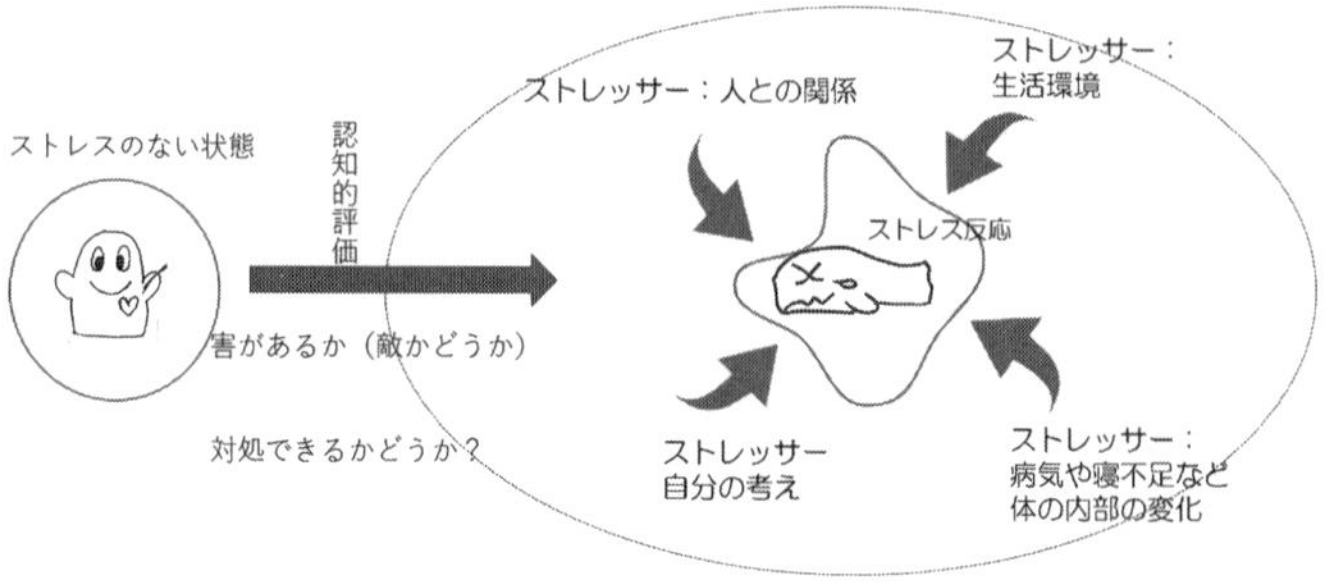

に人の心理の面から研究されていますが、もともとはストレスと同じように物理学の言葉です。①物質に何らかの力が加わり、②歪みが生じても、③元の形に戻る性質を表しています。①と②を合わせてストレスとし、③をレジリエンスと考えるとわかりやすいでしょう（図6-1、6-2）。

今、盛んに人のストレスに対してのレジリエンス（ストレスからの回復力）が研究されています。たとえば、トラウマとなるような、ストレスが強く大きくかかる体験をした人について、脆弱《ぜいじゃく》性モデルで考えると「PTSD（心的外傷後ストレス障害）になりやすい人の特徴は？」と、ネガティブな視点から研究します。レジリエンスモデルで考えると、「大きなストレスがあっても、PTSDにはならない人の特徴は何か」とポジティブな面から見ていきます。この本を読んでいただく方にとっては、今の困難な状況をどうみるかということに関して、逆境から回復する力とはどういうものか、それを強めるにはどうしたらよいのかというテーマは関心があることではないでしょうか。

図6-2　レジリエンス（ストレスからの回復）

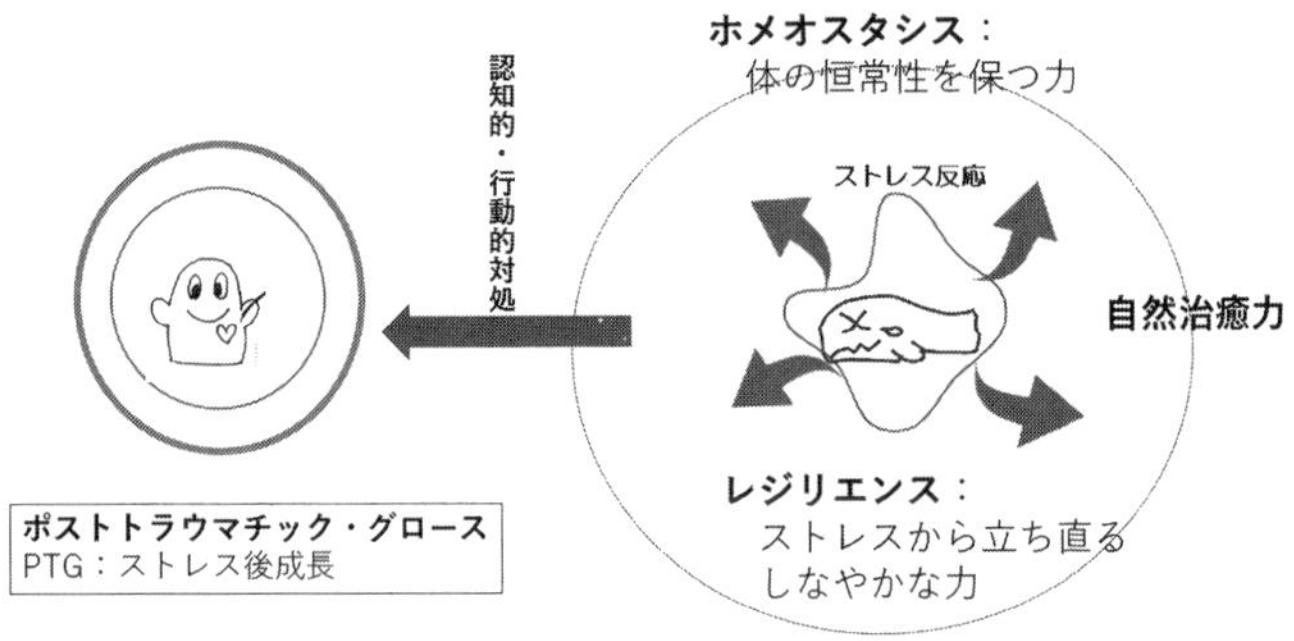

精神面や心理面からばかりでなく、経済面や環境面（国土強靭化をナショナル・レジリエンスといい防災・減災を中心に考える）からもレジリエンスは近年、話題になることが多いテーマです。環境に直接関わるレジリエンスとしては、気候変動レジリエンスと生態学的レジリエンスがあります[1]。気候変動レジリエンスでは、地球温暖化から引き起こされる環境変化への脆弱性の改善と中長期的には気候変動に順応できるような環境の管理が重視されています。生態学的レジリエンスは、自然界に備わる自然生態系の復元力や弾力性等に代表される環境の安定性を指しています。生態学的レジリエンスを低下させているのは、人間活動の拡大が大きな原因かもしれません。そういったこともレジリエンスという概念で考えていくと、問題解決の方向性がみえてくるのではないかと思います。私たち一人一人の生活の仕方にも大いに関係することです。

　また、地域経済やビジネスの面でもレジリエンスという切り口を通して様々な取り組みがなされているようですが、それは他書にゆずります。興味のある方は関連書を読んでみてください。[2]

いろいろな定義

レジリエンスは英語からきた言葉ですから日本語に訳すと、いろいろな意味を持ちます。手元にある辞書では[3]「resile（リザイル）」という言葉で、元の形（位置）に戻る、跳ね返る。「resilient（レジリエント）」として、弾力性の、回復力に富む、快活な、と出ています。インターネットで調べるともっと訳語は多いかもしれません。「resilience（レジリエンス）」ではコンピューター用語として障害許容力（フォールトトレランス：システムに誤作動があっても正しく動作しつづける能力）、という訳語がありました。

アメリカ心理学会のホームページでは[4]「レジリエンスとは、人生経験上の困難に、挑戦していき、うまく適応するプロセスと結果である（特に自身の内部と外部（環境）からくる要求に対して、精神的、感情的、行動的な柔軟性を通して）」と定義されています。私の直訳でわかりにくい面もありますが、大筋をくみ取ってください。また、人々が逆境にどれだけうまく適応するかには、いくつかの要因が寄与していると述べられていて、以下の三点があげられています。

●個人が世界を見て関わる方法
●社会資源の利用可能性と質
●特定の対処戦略

特に二つ目の指摘は大切です。個人が社会に関わる方法だけでは、レジリエンスを強めることは難しい面もあるという要因を見落とさないようにしたいです。社会の側にある、個人の困難を助ける制度や人的サポートが良質で、それらを各個人がどれだけ利用しやすいのかということもレジリエンスに大いに関連することと言われています。

わたしは、次の定義「困難で辛い状況にもかかわらず、うまく適応する過程・能力・結果」（Masten, A.S. 1990）が分かりやすくて好きです。[5] マステン博士は、レジリエンスを「日常生活の魔法」といっています。レジリエンスは、誰もが持っているストレスから回復する力です。生まれつきの要素もありますが、その力は開発し、鍛え、強化することができるものです。レジリエンスの視点で見ると、逆境の見え方も変わってきます。ご自身が「やらかしちゃった！ 辛くて、とても自分で自分を認められない」と思うような言動も、レジリエンスとしてみるなら、困難な状況を打開し回復のための奮闘努力中のある一面と思うことができます。

レジリエンス研究の歴史

今から五〇年ほど前、一九七〇年頃から、逆境にもかかわらず、良好な成長・発達を遂げている子どもたちの研究が主に児童心理学の分野で始まりました。当初は「逆境にもかかわらず」という側面が強調されていて、「非脆弱性」「スーパーキッズ」という概念からの研究でした。また、七〇年代後半から八〇年代にかけてＰＴＳＤの研究も盛んになり（ベトナム戦争後の帰還兵の問題[6]）、トラウマ後の成長という概念もうまれました。そうした中で注目され、研究されてきたのがレジリエンスという考え方です。研究の流れを以下にまとめます。

マイナスの解明からプラスの解明へ

①ストレス脆弱性（病気になりやすさ）からレジリエンス（逆境にも関わらずそこから回復する力）へ：逆境（Adversity（アドヴァーシティ）ストレス・トラウマ）があっても病気（うつ病やＰＴＳＤ）にならない人の研究。

逆境後の成長（ＰＴＧ ポストトラウマティックグロース）が注目される。

②「スーパーキッズ、サバイバー」などの特別に優れた力から、「誰にでもある力」へ。「生まれつき」ではなく、「育てることができる力」へと発想の転換が起こる。

③ポジティブ心理学の隆盛→職場での成功や人生の満足感に関連して、「日常的なレジリエンス」の研究が盛んになる。

レジリエンスを構成する要素

レジリエンスは四章で言及した「天気」や「ウェルビーイング」と同じような構成概念と言えます。単独の指標があるわけではありません。研究者によって規定される要素は多面的です。いくつかの研究からその内容を紹介しましょう。

精神的回復力

日本の研究では小塩真司博士の精神的回復力という考え方があります。[7] 項目と因子が少ないので、分かりやすいです。動的な要素よりもパーソナリティ（その人の性格や特性）に近いものとみられています。その因子として「新奇性追求」「感情調整」「肯定的未来志向」の三つが挙げられています。

「新奇性追求」は好奇心と重なる概念です。「感情調整」は感情のコントロール力で、ほかの多くの研究でもレジリエンスの要素として挙げられています。ポジティブ心理学では、「強み」の中に入っています。「肯定的未来」とは未来への希望、よりよき未来感を持つということです。希望も「強み」に入っています。人と比べないで自分のレジリエンス要素としてとらえてください。興味のある方はチェックしてみてください。数値の大きい因子は自分の資源（リソース）として大きな力になるものとみなし、小さいものは、補う方法を考えたり、伸ばしていく方向を考えたりするだけでも、役に立つことでしょう。

また、小塩博士はレジリエンスには「I have」（環境要因）、「I am」（個人内要因）、「I can」（能力要因）という三つの要素を考えることも重要である、と海外の研究を引きながら著書の中で説明しています[8]。個人内要因や能力的なことばかりでなく、家庭環境・親子関係、仲間や友人関係、学校環境や福祉制度など広い要因がレジリエンスに関係していることも忘れてはならないことです。

ポジティブ心理学から考える、レジリエンスを構成する要素とは何か

ペンシルバニア大学の「ペン・レジリエンシー・プログラム」というレジリエンスの実践的トレーニングを開発したカレン・ライビッチ博士らによると、レジリエンスを構成する要素は七つ想定されています[9]。それらは①感情調整力②衝動調整力③共感力④楽観力⑤原因分析力⑥自己効力感⑦リーチアウト力（働きかける力）ですが、他の研究によるとそれぞれの要素が関連し合っているとも言われていますので、ここでは別々の要素であることがはっきりしていて、分かりやすいもの

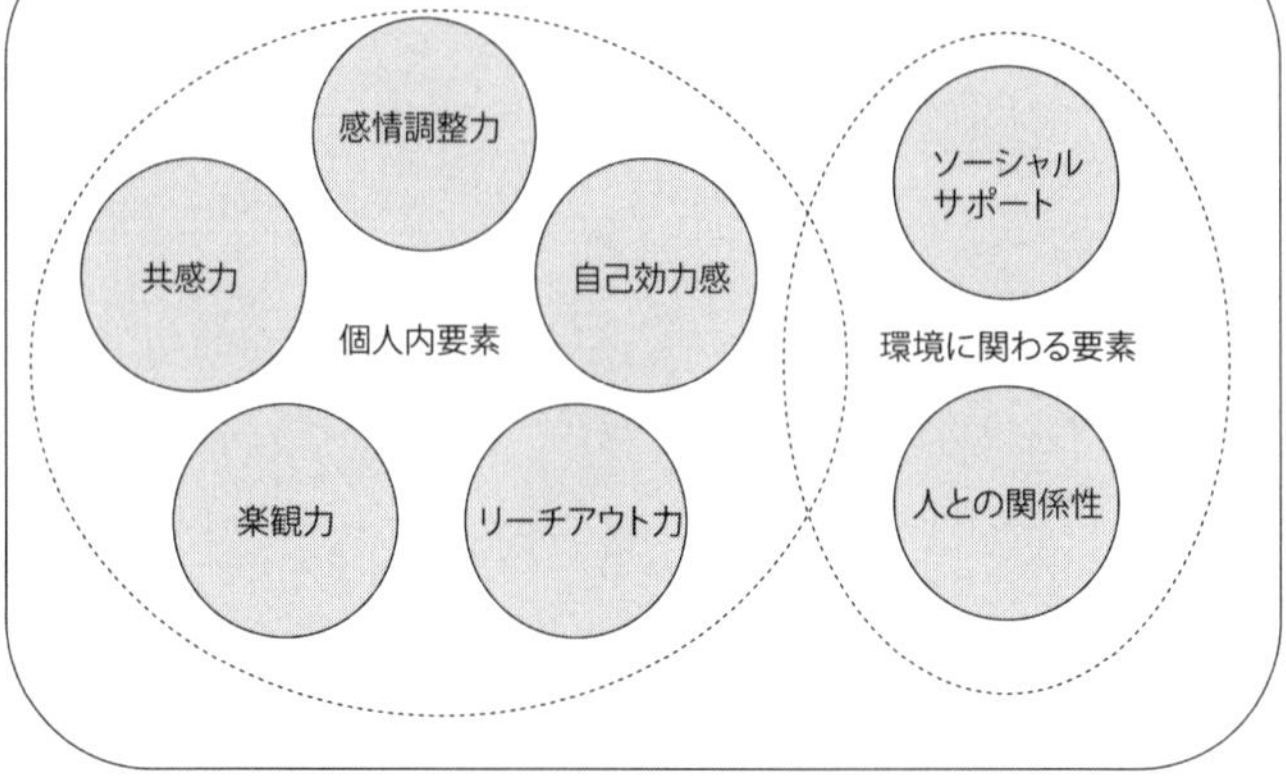

図6-3　レジリエンスを規定するもの

として、①感情調整力②共感力③楽観力④自己効力感⑤リーチアウト力について説明します（図6 - 3）。

①感情調整力　感情をコントロールする力。プレッシャーのもとでも落ち着いている力。冷静さ。

②共感力　他者の思いや行動について理解したり、共感したりする力。

③楽観力　ものごとを楽観的にとらえる力。肯定的未来を考える力。

④自己効力感　自分が行動し関わることへの積極的な思い。何とかできるという感覚。

⑤リーチアウト力　手を差し伸べる力。サポートを求めたり、他者に働きかけたりする力。

レジリエンスを鍛える七つのスキル

ライヴィチ博士らによると、これらの要素を高めるために、七つのスキルを通してトレーニングすることができると推奨されています。七つのスキルとは以下の通り

図6-4　逆境からの回復

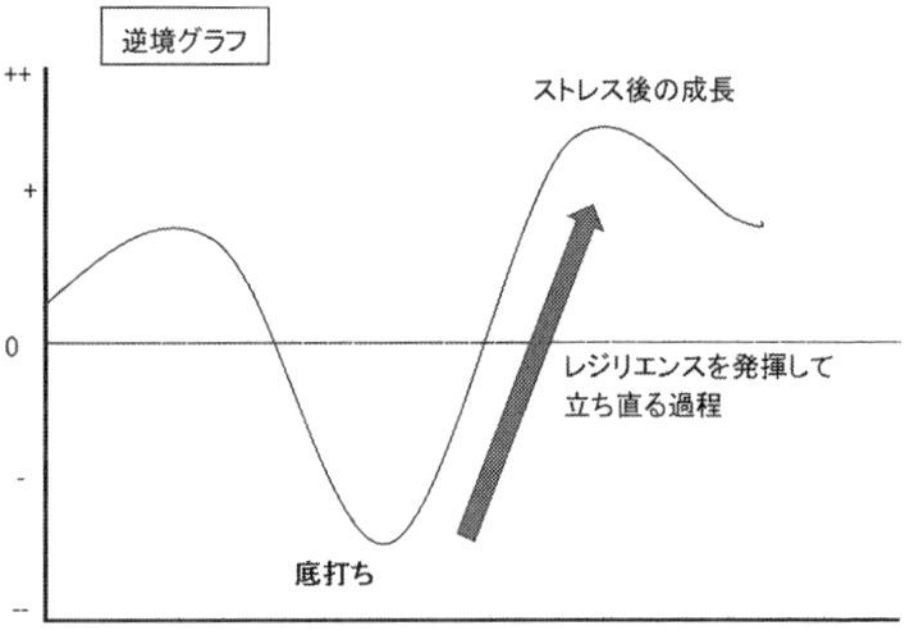

です。

スキル１　自分をＡＢＣ分析する
スキル２　思考のワナを避ける
スキル３　氷山を見つける
スキル４　思い込みに挑む
スキル５　大局的にとらえる
スキル６　心を静めてフォーカシングする
スキル７　リアルタイム・レジリエンス

これらすべてのスキル訓練について、読めば分かるように言及する能力と紙幅はないのですが、私にわかる範囲でいくつかを解説しましょう。これらのスキルはほぼ、認知行動療法で使っているスキルに重なっているように思います。わたしの日々のカウンセリングの中でも多くのクライアントさんと一緒にストレスからの回復のために、以下のような観点から面談を続けています。

エクササイズ6-1　逆境（ストレス）のABC分析

エクササイズ6-1　逆境（ストレス）のABC分析
A（Adversity）逆境（ストレス状況）：いつ・どこ・誰と・どんな状況
B（Belief）その時の思いこみ ：(思考・認知)
C（Consequence）そのときの結果 ：(感情・行動・体調)

1　自分のストレス（逆境）に気づく――自分をABC分析する

自分の現在の生活の中で逆境という状態がありましたか？「どん底」と思える体験があった人はその時のことを考えてみてください。そこまでではなかったという人は、日々の暮らしの中でのちょっとしたストレスやうまくいかなかったことをイメージしてください。図6‐4はレジリエンスによる回復のイメージ図です。

底打ちの状況が長く続いている方もいらっしゃるかもしれませんが、多くの方は少し状況が改善して上向き矢印のどこかにいらっしゃるのではないでしょうか？ 未だ底にいると思われる方も以下を読みながら、ご自身でできそうなことにチャレンジしてみてください。保護者やカウンセラーなどの支援者の方も、まずはご自身のレジリエンスアップのためにエクササイズに挑戦してみてください。

図6-5　SPRAK（スパーク）レジリエンスプログラム
予防的なポジティブ教育のために（イローナ・ボニウェルの理論より）

レジリエンス

Situation《シチュエーション》	状況	日常生活のさまざまなストレス場面
Perception《パーセプション》	認識・受け止め方	状況をどう解釈し受け止めるか（7つのオウム）
Autopilot《オートパイロット》	自動操縦・条件反射	自動的認識から引き起こされる気持ちや感情
Reaction《リアクション》	反応	自動操縦（自動思考）をもとにした、反応（行動）
Knowledge《ノウリッジ》	知識・学び	以上を通して得た自分自身についての学び

プログラムを通して、レジリエンス・マッスルを鍛えると言う考え方に基づいている

◇エクササイズ6-1　ABC分析

自分の逆境をイメージしたら、ABC分析をしてみましょう。A（Adversity）は自分が逆境ととらえる事実です。その時の状況を思い出してできるだけ具体的に記入します。B（Belief）はそのときの自分の考え（思い込み）です。C（Consequence）は状況と思い込みの結果どうなったかを記入します。感情や行動、体調などがそれに当たります。

このようにストレス状況を自分で分析するだけで、実はストレス対処になっています。こういう問いを自分に立てて、分析をすることだけでも、原因分析力や衝動調整力を高めてくれることでしょう。

2　ストレスになる考え方に気づく——思考のワナを避ける

ABC分析で書きこんだその時の思い込み（思考・認知）には、実は自分のストレスを一層強めて自分を

苦しめる考え方が入り込んでいることがあります。それらは今まで生きてきた中で、ストレス状態の自分を助けるために（自己防衛のため）習慣的に考えてきたなじみのある思考や認知なのです。皮肉なことにそれがまたストレスになってしまっているのです。そのことに気がつくだけでもずいぶん助けになり、レジリエンスのある考え方に近づくことになります。思考のワナであるこの考え方のことを「認知のゆがみ」ということがあります。ただしくは非機能的認知（役に立たない考え方）といいます。

エコール・セントラル・パリ大学院のイローナ・ボニウェル博士は、状況を分析し、思考のワナに気づき新たな考え方を身につけ、レジリエンスを高める方法を、ＳＰＡＲＫ理論としてまとめました(10)（図６-５）。

認識・受け止め方がＡＢＣ分析のＢに当たります。七つのオウムとは「非難オウム、正義オウム、敗北者オウム、心配オウム、あきらめオウム、罪悪感オウム、無関心オウム」で、それに励ましオウムがあります。オウムが耳元で「アイツが悪い！」「自分はダメな奴だ！」「どうしよう、心配だ」などとささやく姿を想像してみてください。こういう風にキャラクター化した非機能的認知は、子どもにはわかりやすい表現と思います。最後の励ましオウムだけは役立ちオウムです。詳しく知りたい方は、文献を読んでください(10)(11)。

私も一員であるＭＰＯ法人認知行動カウンセリング研究会で作成したストレスになる思い込み「お化けキャラクター」を図６-６に示します。こちらの思い込みも日常生活のストレス場面でよ

図6-6　ストレスになる思い込み：お化けキャラクター

© 認知行動カウンセリング研究会

くあるパターンではないかと思います。自分自身の思い込みの癖を知っていると、レジリエンスを発揮しやすくなります。というのは、それを知らずにいると思い込みのせいで悪循環にはまりやすくなるからです。自分の考え方の癖に気がついて、少しずつ修正していくことができることがレジリエンスを育てることにつながると考えます。

◇エクササイズ6‐2　お化けキャラクターをチェックする

あなたの思考の癖を見てみましょう。その考え方がしょっちゅう、または時々起こるようでしたら□にレを入れてみてください。そして、その考えが自動的にわき起こってくることに気がついてください。気がついたら、もう少し柔軟性のある考え方ができないか検討してみましょう。

エクササイズ6-2　お化けキャラクターチェック表 ①

☆あなたの思考の癖をチェックしましょう
いつも、または時々起こる考え方があれば□に✓しましょう

ゼンカム【全か無思考】

□好きか嫌い、良いか悪いなど２つに１つの判断をしがち
□思い通り（完璧）にできないなら、もうやりたくない
□勝負するからには勝たないと駄目だと思う
□あいまいな状態でいることに耐えられず、早く結論を出したがる

ベキネバー【すべき思考】

□常識や既成概念にとらわれて自由に行動できない
□「〇〇すべき」また「〇〇すべきではない」と考えることが多い
□自分の決めたルールや規則に縛られがち
□自分でも他人でも規則を守れないことに不快感や怒りを感じる

コウナルヨネン【感情的決めつけ・結論への飛躍】

□こんなに不安なのだから、絶対にうまくいかないと決めつけてしまう
□自分のネガティブな感情に引きずられて物事を決めてしまいがち
□不安や心配が次から次へと膨らんでしまう
□少ない事実からネガティブな予測をしてしまう

オオゲサーダ【拡大解釈・過小評価】

□否定的なことは大きく、肯定的なことは小さく捉えてしまう
□自分の欠点ばかりが気になり、長所についてはあまり自信がない
□うまくいったことより、失敗したことの方ばかりが気になってしまう
□ささいな失敗も一大事だと思ってしまう

エクササイズ 6-2　お化けキャラクターチェック表 ②

☆あなたの思考の癖をチェックしましょう

いつも、または時々起こる考え方があれば□に✓しましょう

オラノセイダー【自己関連付け】

□悪いことが起こると、自分の責任だと考えてしまう

□人が不機嫌になっていると、自分が何かしたのかと思ってしまう

□例えば子供の失敗は私の育て方が悪かったからだと思ってしまう

□予定通りに物事が進まないと、自分のせいだと思ってしまう

ゼンブソウ【過度の一般化】

□「いつもそう」、「みんなそう」が口癖である

□一人がした（言った）ことでもみんなもそうではないかと思ってしまう

□悪いことが起きると、永遠に続くような気がしてしまう

□失恋 (失敗) するともう二度と恋人 (成功) は出来ないと思ってしまう

クロメガネン【ネガティブ視・レッテル貼り】

□物事を悪い方、悪い方に考えてしまう

□自分の基準で作った物差しで物事を判断してしまう

□一点にこだわって他が見えなくなる時がある

□人の一部分を見て、「この人はこんな人に違いない」と決めつけがち

キラワレタカモン【読心術】

□他人の考えや気持を勝手に想像して、悪い方に考えてしまう

□相手が不機嫌そうにしていると、嫌われていると思ってしまう

□他人の顔色をうかがいながら、行動してしまう

□相手にどう思われているのかが、とても気になる

図6-7　氷山思考

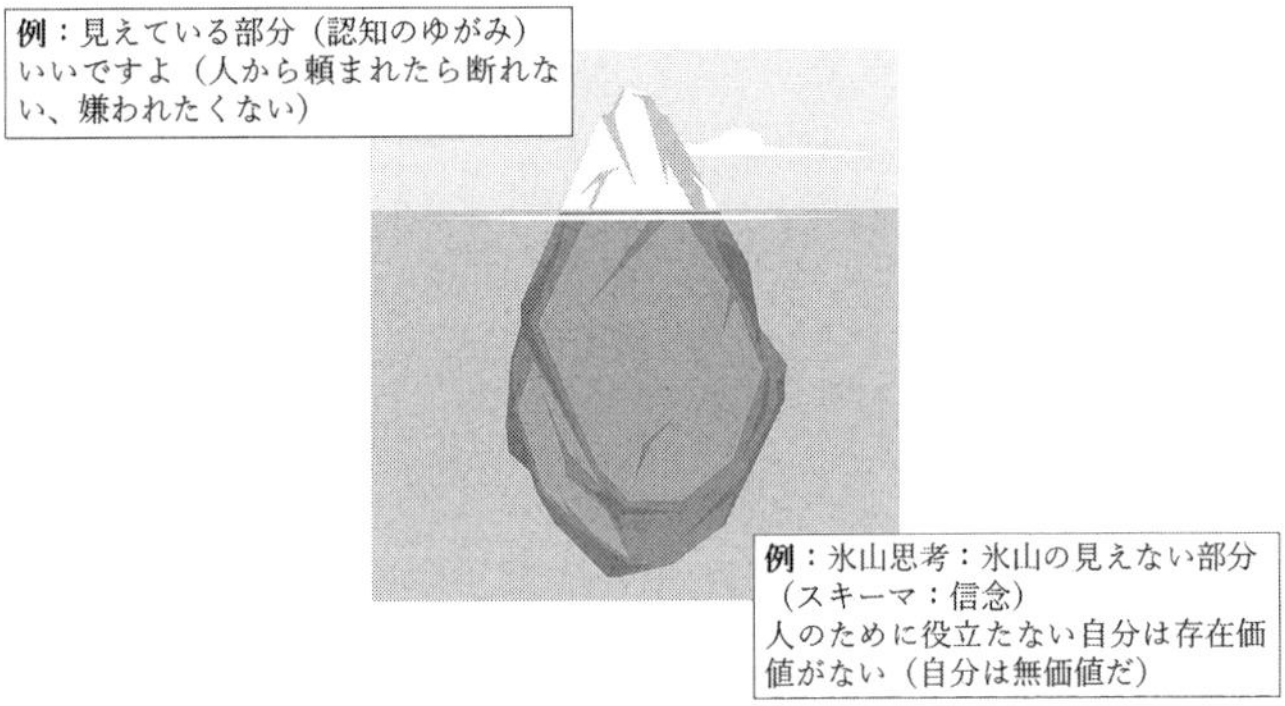

3　氷山に気がつく

「2　ストレスになる考え方に気づく――思考のワナを避ける」でストレス場面では自動的にわき起こる思考のワナ（認知のゆがみ）があることをお伝えしました。そのとき、単に嫌な考えがわき起こっているだけではありません。その結果、大きな感情の揺れや、身体面の変化（体が熱くなる、ふるえる、緊張する、お腹をこわす等）が起こります。そればかりか、過激な行動をとったり、したい行動ができなかったりという行動面の変化も起こります。これらは当人にとって、とても心配で辛いことです。どうしてそこまで大きな出来事に感じるのでしょうか。

そのことを、氷山に例えて説明します。氷山は海の上にそびえていて船が近づくと、時にごつんとぶつかることがあります。ごつんというぶつかり方が予想より大きくて戸惑うこともあるかもしれません。表面に見えている部分の考えは、「まただ」「どうして」「するべきだ」「もうだめだ」という日常的になじみのある内容かもしれません。実は海に沈みこんで見えない部分の考え方が大きく関係していることがあるのです。大きく揺れて、大きな反応があるときは、自分の中に氷山のように根が深い考え（信念）があるのかもしれません。

氷山思考には、「私はいつも正しい」「成功こそが最も重要」「できない私は価値がない」「一〇〇点でなければ（一位でなければ）意味がない」「私は生きていてはいけない」「私は無能だ」などがあります。そして、頻繁に同じようなネガティブな感情を経験します。時には周りの人と対立したり、怒りをぶつけて人間関係を悪くしたりします。そういったストレス状況（逆境）に陥った時、ごつんと氷山にぶつかったような感覚を自覚したら、これは氷山（思考）かもしれないと気づくことが大切です。レジリエンスを育くむためには、そういった考えをしている自分に気がつくことから、まずははじめましょう。氷山思考の根っこの氷を解かす方法については、セラピーを受けるのもよいでしょうし、認知行動療法のセルフケアの本なども参考になると思います[12]。

4　認知的柔軟性を育てる——思い込みに挑む／大局的にとらえる

氷山思考に気がついたら、柔軟に考える力を育てることにチャレンジしましょう。
①認知の歪みに気づく→「ほんとうにそうか」「なぜそうなのか」と自分に問いかける。
②やわらかあたまポイント→理由を「たくさん」思いつく。
三種類の理由を考える「自分からみて」「相手からみて」「状況からみて（偶然かも）」

③物事を反対側から見てみる。

④自分の考えのメリット、デメリットを考える。「もし最高にうまくいったらどうなる？」「最悪どうなる？」と問うてみる。

楽になる考え方の例（図６‐８）

図6-8　楽になる考え方 ①

お化けキャラとの上手な付き合い方

ゼンカム【全か無思考】
・どちらかに決めなくともなんとかなるよ
・うまくいくときもあれば、いかないときもあるよ
・結果も大事だけど、その過程も楽しめたらいいね

ベキネバー【すべき思考】
・すべきと分かっていても、できないときもあるよ
・人それぞれ価値観は違うから、自分の基準と違うこともあるよ
・たまには「まあいいか」と考えてみよう

コウナルヨネン【感情的決めつけ・結論への飛躍】
・自分の予感（不安・焦り）はいつも当たるわけではないよ
・他の選択肢も考えてみよう
・案ずるより産むが易しだよ

オオゲサーダ【拡大解釈・過小評価】
・たまには自分をほめてあげよう。他人のほめ言葉にも耳を傾けてみては？
・これまでうまくいったことを思い出してみよう
・猫が虎に見えていない？

図6-8　楽になる考え方 ②

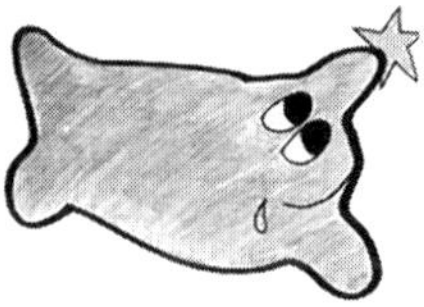

オラノセイダー【自己関連付け】
・他に原因があるかも
・そんなに自分の影響力って大きくないんじゃない
・他者の問題と自分の問題を切り離して考えて見ることも大事だよ

ゼンブソウ【過度の一般化】
・本当に「いつもそう」「みんなそう」
・次回も同じ結果とは限らない
・想定外という言葉があるよ

クロメガネン【ネガティブ視・レッテル貼り】
・違う角度からも見てみては？
・その予想ほんとうに合っている？
・どうせだったら、悪いことより良いことを想像してみてもいいかも

キラワレタカモン【読心術】
・他者の気持ちは、その人でないと分からない
・気になるなら、あれこれ考えてないで聞いてみよう
・人に好かれるに越したことはないけれど、全員に好かれるのは無理

© 認知行動カウンセリング研究会

5　心を静める（感情のコントロール法を身につける）

逆境（ストレスのある困難な場面）で、感情が大きく揺れると、さらにストレスが強くなるということがあります。フォーカシングやマインドフルネスの技法を使って、あなたの感情の揺れ動きを感じてみましょう。気持ちが大きく揺れた時や、ぐるぐる思考に陥って楽にならないときなどにゆっくり呼吸をして、自分の体の奥底から出てくる思いに気持ちを向けることで、心が静まったり、開放感を得られたりします。私がカウンセリング場面で、日常的に使っている二つの技法をお知らせします。

①フォーカシングの方法（日本フォーカシング協会のホームページより[13]）

◇エクササイズ6‐3　フォーカシングにチャレンジする

1　まずは深呼吸をしながら心を落ち着けて、静かに自分の体の中心部分（お腹）にぼんやりと注意を向ける。

2　自分が「気になっている感覚」に気がつく。自然と感じられるのを待つ。

3　その感覚にちょうど当てはまる言葉を探してみて、その言葉が本当に適切な言葉であるのかを確かめる。違っていれば、他の言葉を試してみる。

4　最終的に、ちょうど当てはまる言葉を見つけ出すことができれば、「そうだ！これだ！」という感覚とともに解放感が得られる。

5　さらに、その感覚が「自分にとってどういうものなのか」「どうして自分はそれが気になったのか」を問いかける。

このように、自分の感覚が言語化されることによって、自ら理性的に判断することができるようになることもありますし、あるいは、問題の共有が可能となり他者からの助言を得られることにもなります。

感情や体感を言葉にすることで、自分自身の納得が生れたり、もやもやの解消になったりします。また、言葉で伝えることによって他者とストレスを共有したり、サポートを得たりすることができるようになるのです。はじめのうちは楽々と、フォーカシングできる人は少ないかもしれません。少し練習が必要かもしれません。関心のある方は、関連書[14]やインターネットで調べると、方法まで解説してあるページがたくさんありますので、画像を見ながら、やってみたらよいでしょう。またフォーカシングを練習するグループでやってみることもおすすめです。

②マインドフルネスの技法

もう一つの心を静める技法は、マインドフルネスとよばれる諸技法です。禅仏教の世界で知られていたマインドフルネス瞑想[15]とよばれる諸技法が、心理学の世界でも用いられるようになり、その効果が確かめられてきました。うつ病の人は「繰り返し頭に浮かんでくる侵入的でネガティブな思考」で苦しむのですが、そういった症状への対処として、「マインドフルネスストレス低減法」が開発されました[16]。今は一般の人向けにもストレス対処として、また創造性や集中力などを向上させることを目的に多くの人に利用されています。マインドフルネスとは、mind（こころ）+ful（いきわたった）+ness（状態）という意味で、今、この瞬間に気づき、落ち着いていて、とらわれのない心の状態といわれています。この技法も、こころと体を繋ぐ身体技法ですので、少し練習が必要です。関連書やインターネット上で多く紹介されています[17][18]ので、自分にあったやり方を見つけてください。

ここではわたしがカウンセリング場面でふだん使っている呼吸法と気づきのレッスンを紹介しましょう。

◇エクササイズ6 - 4　マインドフルネス気づきのレッスン

準備

①背筋を伸ばし、楽な姿勢ですわりましょう（椅子でも、座布団でもＯＫ）。

呼吸法

②呼吸が鼻先を出たり入ったりする感覚に注意をむけます。

気づき

③そのまま、五分間（少しずつ時間を延ばし慣れてきたら一五分ほど）座ったままでいましょう。タイマーをかけるといいです。

④いつの間にか何か考えていたり、イメージが湧いたりします。それに気づきます。

⑤こころがさまよっても問題ありません。気づいたらやさしく、でもしっかりと意識を呼吸に戻し、鼻先に出入りする呼吸を感じます。また初めからスタートします。

終わり

⑥タイマーが終わりを告げたら、少し体をねじったりしてほぐしましょう。

気持ちよい感覚を味わいましょう！

「気づきのレッスン」でめざすことは、今、この瞬間の現実に気づきを向けること、その現実をあるがままに受けとめること（それを評価せずに、それに対する考えや感情に囚われないでいること）ですが、考えを追わないで呼吸に戻ることで、それができるようになります。学校のことも、仕事のことも今はどこかに置いて、しっかりと自分の呼吸を感じてみましょう。

以上レジリエンスについて、紹介してきました。紙幅の関係で十分にはお伝え出来ないことが残念です。こころが折れないことより、折れても復活できる力を育てることこそ大切と考えます。

【文献】

（1）一般財団法人環境イノベーション情報機構 https://www.eic.or.jp/ecoterm/?act=view&ecoword
（2）枝廣淳子『レジリエンスとは何か』東洋経済新報社、二〇一五年
（3）三省堂編修所『グランドコンサイス英和辞典』三省堂、二〇〇一年
（4）アメリカ心理学会 https://www.apa.org/topics/resilience

（5）Masten, A.S., Best, K., & Garmezy, N.(1990). Resilience and development: Contributions from the study of children who overcome adversity. Development and Psychopathology, 2, 425-444
（6）イザンベール真美「ヴェトナム帰還兵のＰＴＳＤ（心的外傷後ストレス障害）の形成：トラウマと兵役をめぐる言説」九州国際大学法学論集、二〇一一年 http://ijimemental.web.fc2.com/KJ00008030764.pdf
（7）小塩真司・中谷素之・金子一史・長峰伸治「ネガティブな出来事からの立ち直りを導く心理的特性――精神的回復力尺度の作成」カウンセリング研究35 2002. 57-65
（8）小塩真司・平野真理・上野雄己編著『レジリエンスの心理学』金子書房、二〇二一年
（9）カレン・ライビッチ、アンドリュー・シャテー、宇野カオリ訳『レジリエンスの教科書』草思社、二〇一五年
（10）足立啓美・鈴木水季・久世浩司、イローナ・ボニウェル監修『子どもの「逆境に負けない心」を育てる本』法研、二〇一四年
（11）足立啓美・岐部智恵子・鈴木水季・緩利 誠、日本ポジティブ教育協会監修『イラスト版 子どものためのポジティブ心理学』合同出版、二〇一七年
（12）伊藤絵美『セルフケアの道具箱』晶文社、二〇二〇年
（13）日本フォーカシング協会 https://focusing.jp/aboutfocusing
（14）池見陽『心のメッセージを聴く』講談社現代新書、一九九五年
（15）ティク・ナット・ハン、池田久代訳『微笑みを生きる』春秋社、二〇一一年
（16）ジョン・カバットジン、春木 豊訳『マインドフルネスストレス低減法』北大路書房、二〇〇七年

(17) キラ・ウィリー、大前泰彦訳『子どものためのマインドフルネス』創元社、二〇一八年

(18) 熊野宏昭・伊藤絵美、NHKスペシャル取材班『「キラーストレス」から心と体を守る!』主婦と生活社、二〇一七年

第七章　ネガティブということを考える

ネガティブな感情

「ポジティブな考え方が大切って、理屈では分かるんですけど、ネガティブな感情や思いばかりが浮かんできて、そんな自分をダメだなあって責めてしまいます」とか「この子が学校に行かなくなって以来、ずっと楽しいとか、うれしいとかのポジティブな感情がないんです」と、おっしゃる方がいます。

【事例13　中一女子Aさんの母、恵子さん】

中学校に入学したばかりの娘さん（Aさん）が学校に行かなくなってずっとお休みしているということで来談されたお母さんはこんな風に話した。「小学校四年生頃から登校しぶりがあったものの、こんな風にずっと行かないということはなかったのです。今はもう毎朝、毎晩、ネガティブな思いや感情が湧いてきて、自分一人の胸に納めておくのも難しく、娘に当たってしまいます。時には自分で自分が抑えられないでワーッとなってしまって、気がついたら泣き叫んでいたこともありました」と現在の事態に気が動転している様子。「どんなふうなネガティブな感情があるのか教えていただけませんか？」と尋ねると、「まず、怒りです。明日は行く、でも朝起きられないから起こしてと、娘の方から頼んできているのに、どんなに声をかけても起きて来ない。しまいに布団をはがしてようやく起きてきても着替えない。一日中パジャマです。行くか行かないかはっきりしない。娘の気持ちも大事にしなくちゃと思うのだけど、学校を休むかどうか、毎朝こちらから学校に連絡しなければならないのに、ちっとも決まらなくて、イライラしちゃう。こんな態度ではかえって娘を追い詰めるって後から考えて反省するんだけど、その時には、つい怒ってしまいます」「娘と学校に行くか行かないかの格闘をしている時に、急に夫に対する怒りがわいてくることもあるんです。なんで私だけがやらなきゃいけないのって、その思いをまた娘にぶつけてしまうんです」「娘ももうパニックになって、物を投げたり、私にぶつかってきたり、ひどい状態になる。それを見た私は、娘はもうだめなんじゃないかという不安や焦りもあるし、私の育て方が悪かったのかという罪悪感が湧き出てくることもあるし、もうぐちゃぐちゃでエンドレスです」そんなふうに語った。

ポジティブ心理学流行の昨今、ポジティブは良いこと、ネガティブは悪いことと感じていらっしゃって、ネガティブな思いや感情に絶えず苛まれているご自身を責めていらっしゃるのです。果たして本当にそうでしょうか？　ネガティブな思いも、感情も自分の身体のうちから生まれてくるものですから、それらをすべて否定すると自分が自分でないような覚束なさを感じる人もいることでしょう。

ポジティブ心理学の中でも、人間のネガティブな側面にも目を向けてポジティブとネガティブの両極から考えることが大切と指摘する新しい潮流が生まれています。[1] この章ではネガティブな体験や感情などの役割について考えたいと思います。トッド・カシュダン博士とロバート・ビスワス＝ディーナー博士は、「実際には誰の人生にも、親を亡くす、離婚する、望んでいた昇進の機会を逃すなどの辛い出来事は避けがたく起こり、その時にその辛さを受け入れないとそれが苦悩に変わる」「感情的・身体的な不快感、人間関係における不快感から目を背けた時に苦悩が生じる」と述べています。だから、そういうときに「もっと幸福度を高めようと努力するより、ポジティブもネガティブも含めた広範囲の心理状態を受け入れる能力を身につけて、人生の出来事に効果的に対応することの方が大事だ」と主張しています。それが「全体性（ホールネス）」という状態であり、それこそが成功と充実への道である」というのです。[2]

「不登校」や「ひきこもり」などの状態に伴う辛い感情体験を否定してばかりいて、そこから「ハッピー」であろう、「ポジティブ」であろうとすることは、かえって苦悩を深めることになるかもしれません。いったんは、思うようにならないネガティブな感情や身体の状態、行動を受け入れていくことも必要なように思います。そうはいっても受け入れるという心理的な仕事は、各個人バラバラな状態ではとても難しいことでしょう。人との関係性の中でこそ受け入れるという仕事が少しずつできていくようになると考えています。

セルフ・コンパッション――自分のネガティブな感情に優しい目を向ける

【事例13　中一女子Aさんの母、恵子さん】続き

先ほどのAさんのお母さんは、その話をするときにも、とても辛そうな表情をしていて涙を浮かべていた。私は「辛いことをよく話してくださいました」といたわりながら「今の気持ちをしばらく感じてみましょう」と自分の辛い気持ちを感じながら、そのままたたずんでいるように言葉をかけた。少し落ち着いた様子になってから「今どんな感じですか？」とたずねると、「さみしい……。独りぼっち……」という感情を話した。ここからはAさんのお母さんとしての相談ではなくなり、ご自身恵子さんとしての相談になっていく。

もちろんどんなケースでもこのような展開をたどるということではありません。一例です。六章で述べたフォーカシングやマインドフルネスの技法を使いながら、自分のネガティブな感情や体の痛みなどの感覚にやさしい思いを寄せることができます。興味があるかたはフォーカシングやマインドフルネスの技法のほかに、「セルフ・コンパッション（セルフは自己へ、コンパッションは思いやりや慈しみの思いを寄せること）」という技法・考え方にもふれてみてください。[3] セルフ・コンパッションとは、「他の人を思いやるように、自分のことも思いやる」ということです。

本格的な手続きを踏んで行うセルフ・コンパッションの技法は、関連のセラピストの本や動画などで、可能であればワークショップなどで学んでください。わたしも海外から招聘した講師のもと

でのワークショップを何度か体験しました。現在、私のカウンセリングルームで行っているのは、フォーカシングやマインドフルネス瞑想などをもとにしたものです。

◇エクササイズ７-１　マインドフルネス・セルフ・コンパッション

①まず背骨を伸ばし腰を立てます（体の中心を感じる）

②ゆっくり丁寧な呼吸をしながら、今ここにいる状態を感じます（グラウンディング・地に足がつく感じ）。声掛けとしては「足の裏を感じ、次にくるぶし、ふくらはぎ、膝・太ももを感じてください」。お腹と腰のあたりを感じるところまできたら、ゆっくり呼吸に戻り、先ほどらい感じている辛い気持ちにフォーカスします。そのとき、自分自身にある言葉をかけてあげられるとよいでしょう。May I care for my pain.「私が私の痛みをケアできますように」

③目を閉じ、呼吸を感じ続けていてください。そうしたら体の中で、いろいろな情動が動いてきますから、それを否定もせず肯定もせず、その時の身体の感じに注目していてください。もし体が望んだら、苦しいところなどにそっと手を当ててみましょう。そうした感じも刻々と変わります。一緒にいる人が安全な人であれば、言葉にして受け止めてもらうことも良いでしょう。でも一人であってもこのエクササイズは十分に力を発揮します。ネガティブな感情と共に居ることは、自分への優しさであり、何かが動き変わっていくきっかけになります。

④動いているもの、感じていることに「何だろう」と好奇心を向けることは良いけど、「良い、悪い」とジャッジしません。起こっていることをただ感じて、受け止めるだけです。

エクササイズ7-1
瞑想したり、セルフ・コンパッションする時の姿勢

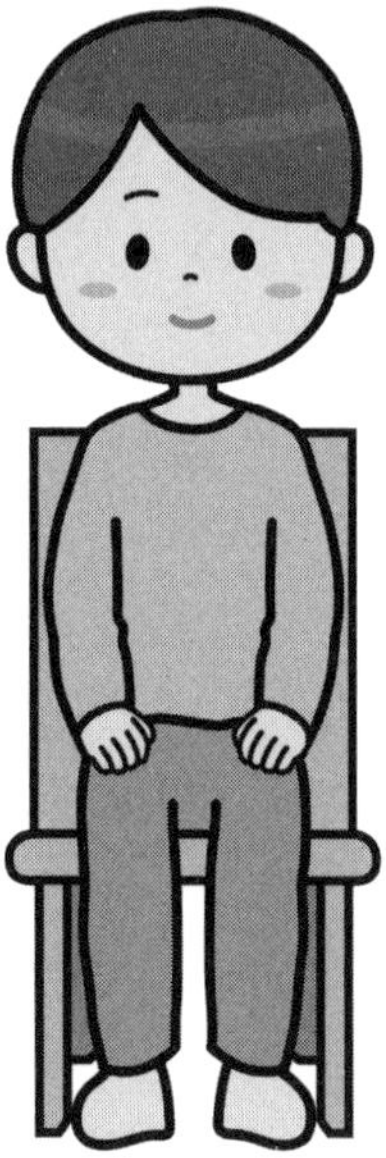

①頭を真っ直ぐに立て
あごを少し引きます

②肩の力を抜きます
2、3度上げ下げする
と力が抜けやすい

③腰を立てリラックスして
座ります

④ひざは少し開きます

⑤足の裏を床にきちんとつけます

⑤その時の時間の余裕などがありますが、最低五分程度は時間をかけてください。

不登校やひきこもりの状態の当事者ばかりでなく、保護者の方も時には担任の先生もみなさん感情的に傷ついていらっしゃいますから、まずはご自身のネガティブな感情を感じてください。理屈で原因やこの先を考えないで、感じたままでいることができたら、身体の方からいろいろなことを伝えてくれるのではないかと思います。一人でやることが難しい方は、カウンセラーなどのサポートも得て試してみてください。新しい気づきを得るのではないかと思います。

この章ではネガティブな感情の働きや、ネガティブ・ケイパビリティ（答えの出ない事態に何もしない能力）という考え方を紹介します。

ネガティブ感情の種類

四章でＰＥＲＭＡ理論を紹介した時に、ポジティブ感情のはたらきについて述べました。その際にもネガティブ感情については少しふれました。バーバラ・フレドリクソン博士の拡張‐形成理論についても紹介しました。ポジティブ感情は、今現在の自分の可能性を拡張し、新たなものを生み出していく原動力になるものであるということでした。ネガティブ感情の役割にも少しふれました。危険を知らせてくれて、あらかじめの用意を含めて、危険から身を守るための対処行動を選ばせる役割があることでした。五章でもエクササイズしましたが、この章でも改めて、ネガティブ感情とポジティブ感情を思い浮かべてみましょう。

◇エクササイズ7‐2

ネガティブ感情とポジティブ感情を、それぞれ一〇個以上あまり考えないで書き込みましょう。

ネガティブ感情（気持ち・気分も含む）

ポジティブ感情（気持ち・気分も含む）

いかがですか？　さらさらと書き込めるのは、もしかしてネガティブ感情のほうかもしれませんね。というのは、ネガティブな体験や感情の方が記憶に残りやすいのです。人によっては、あまり感情や気分を感じないという方もいらっしゃると思います。感情と気分をわけて考えるのも難しいこともあるでしょう。あまり厳密に考えないで書き込んでみてください。

ネガティブ感情はなぜ嫌われるのか

以下は、カシュダンとディーナー両博士による説明を私なりにまとめたものです。

①ネガティブ感情は不快だと思われている。

人は、不快なことには耐えられないと考えていることが多いです。過去に生じたネガティブ感情を、そのままその強さで、本を読んでいる現在まで持ち続けている人はあまりいないと思います。思い出して感情のスイッチを押す人はいるかもしれないし、変形してもっと強い感情が生れた人もいるかもしれませんが、それは今現在の事です。やがてネガティブ感情の強度が薄れていくし、忘れていることも多くなります。つまり、自分には不快さに耐えたり、対処したりする力があることを見落としているのです。過去に何度も怒りや退屈などの感情を体験してきた人も、それらに対処してやり過ごしてきたのです。感情は通り過ぎるものであることを思い出してください。

②ネガティブ感情からは抜け出せないと思われている。

うつ病は繰り返す病気であることが知られていますが、四度以上も繰り返したり、ずっとうつ病にかかり続けていたりする人は少数派です。同様にずっと怒り続けている人もあまりいません。

③ネガティブ感情は自制心を失わせると思われている。

ネガティブ感情の嵐が起こって、自制心を失うことはままあります。でも、それによって犯罪的な行動までする人はまれです。ニュースなどで極端な例が報道されますが、それはまれなケースだからこそニュースになるのです。自制心を失って、普段行わないような行動をしたとしても多くの人の行動はそれほど突飛なものではなく、許容の範囲なのではないでしょうか。

④ネガティブ感情は周囲に迷惑だと思われている。

私たちは職場や学校、趣味のサークルなどで怒りや落胆などのネガティブな感情を表した時の周囲の反応をあらかじめ分かっていて、人に嫌な感情をあたえないように普段から気を遣っています。でも、いつでもそうだとするとどうでしょう。身内に不幸があったとき、体調が悪い時、大好きな人から嫌いって言われたとき、テストで落第点を取った時、などなどこの世はネガティブな出来事に満ちています。そんなときの気分や感情を一人で耐えて、押し隠しているより、家族や友だちに一緒に分かち合ってもらえたならどんなに助かることでしょう。

【事例14　洋子さん　一八歳】

高三、二学期から学校に行けなくなった。いつメン（いつものメンバー）に外され、あれよ、あれよという間にクラス全員から無視されるようになった。入学以来一緒に登下校していた友だちもクラスでは声をかけてくれない。自分はただ「日本国憲法二五条に書かれているように、健康で文化的な最低限度の生活ができるだけでよいと考えているのに」「人には優しく自分に厳しくという父の教えも守ってきたのに……どうしてこうなったのか分からない……」と語って相談室で泣き崩れた。「誰も話してくれない教室で、よい姿勢で頑張って座っていることにも疲れ果てた」とのこと。彼女の話す内容や言葉使いをみると、ほんとうによいしつけを受けて、真面目な高校生だと思われる。憲法第二五条を引いて話をしたときには、カウンセラーも襟を正した。協調性も十分あり、アルバイトではうまくいっている。信頼されているという。「ご自身の強みは何だと思う？」と聞くと「真面目と言われること」とのこと。

「いっしょに登校する友だちにこの悩みを話した？　いつメンの中にもあなたに気持ちを寄せている人がきっといると思うよ」と話したが、「面倒くさい女は嫌われるんです」と今の女子高校生のグループでの付き合い方を話してくれた。陽キャというラベルを貼って明るくふるまっている彼女たちの心の奥底にこんなネガティブな思いがある。彼女も「自分が面倒くさい女」になったと思って、この自己像に傷ついている。幸いなことに家族はそんな彼女を責めることなく、カウンセリングを受けることを後押ししてくれている。彼女も相談室で話し、受け止められるのを繰り返しながら、自分自身へコンパッションを向け続け、医療の力も借りて、卒業というハードルを乗り越えた。今は進学した大学でこの先の就職も視野に入れて勉学している。「こころの傷つきはまだ残っている。人と話すときには用心してしまう」という洋子さんだが、将来の職業を見越して学ぶことには希望を持っているようだ。

この事例は、いじめという側面もあります。根底に今の学校生活の中では、ネガティブな気持ちがあってはならないという暗黙の縛りがあって、仲間同士で傷つけあっているという姿が見えるようです。同じような話を本当にたくさん聞きます。中には「いじめで訴えることもできるんだけど、相手を犯罪者みたいにしたくもない」「争うことは嫌だ」と言う人もいます。小さいころから、「とげとげ言葉」を使わないで「ふわふわ言葉」を使いましょうと指導された挙句に、人に嫌な思いをさせるのはいけない、本当の自分は隠さなければならないと思い込まされてきた人たちが数多くいるのではないかと心配です。その反動として、ネット上などの匿名の世界では思いっきりネガティブな言葉が氾濫するのかもしれません。

ネガティブ感情の役割

ディーナーらは、対照群による心理的な実験を通して、ネガティブ感情のもつプラスの側面を明らかにしています。かいつまんでご紹介します。

①怒り

怒りは脅威に立ち向かうために感情が高められた状態なので、脅威に対する行動の準備がなされやすくなります。また怒りを自覚すれば、適切に怒りを表明することで現状の打開のために役立つこともあります。また、創造性のひらめきを引き起こすこともある、と心理学者らの実験では明らかになっています。あらかじめ怒りの感情を誘発されたグループとそうでないグループで、「レンガの使い道」を考えるという課題をあたえたところ、怒りの感情が誘発されなかった人達よりも多くのアイディアを出した人たちがいたそうです。「レンガを車止めに使う」「レンガに絵を描いてアートにする」というような類のアイディアですね。それらの人たちは状況のルールをよく分かり、自制心を発揮できた人たちであって、怒りを誘発された人たち全てが創造的であったというわけではありません。自制心がなかったり、反抗的だったりした人は逆に、創造性は低い結果となったといいます。

怒りの効用

- ●怒りの感情はより楽観的なものの見方に結び付く
- ●怒りの感情は創造的なひらめきを生じさせる
- ●仕事の効率を上げるツールとして役立つこともある
- ●交渉の場面で怒りが役立つこともある
- ●不正で不当な、脅威に対する怒りは人々を一致団結させる

怒りの表し方

まず、不快感の通告をします。「自分が不快であって、気持ちが高ぶっているのでうまく言えないかもしれないが」と状況を伝えます。そうしながらも自分の怒りの程度をチェックします。車の運行スピードに例えて、自分の怒りをとらえてみてください。速すぎるようならゆっくりスピードダウンしてから、間をとって意識的にゆっくりしたペースで話すと、伝わりやすいです。アメリカやドイツの高速道路と日本の道路では事情が違うので、私の場合で例えてみます。

時速一〇〇キロ　激怒（この速度で運転したことはありません）
時速九〇キロ　憤慨・カーッとなる
時速八〇キロ　憤る
時速七〇キロ　ムッとする、イラつく
時速六五キロ　気分を害する
時速五五キロ以下　穏やか、冷静

具体的には、頭でブレーキを踏むイメージを浮かべながら、ゆっくり低い声で「怒っていること」を伝えましょう。この時に喧嘩モードになって相手の怒りを呼び起こさないことが肝心です。怒りのエネルギーが交渉場面で役立つ体験をすると、ずいぶん生きることが楽になると思います。

②罪悪感と恥の意識

食べ過ぎては罪悪感を持ち、ゲームをし過ぎたり動画を見過ぎたりして罪悪感を持ち、予算以上の買い物をして罪悪感を持ち、家族の気持ちに気づいていても一緒に過ごす時間をとらずに罪悪感を持ち、現代社会ではもう罪悪感を覚える刺激に取り囲まれていますから、このネガティブ感情が自分には無縁だという方は少ないと思います。辞書的な意味では「悪いこと（罪悪）をしたという感情」であり、道徳的な感情でもあります。心理学辞典によると「罪の意識あるいは罪責感ともいう。法律上の犯罪ばかりでなく倫理的、道徳的、宗教的規範に背き過失を犯したあるいは犯そうと欲した時に感じる自己を責める感情をいう」とあります。[4] 過剰で不適切な罪悪感は、精神的な症状を引き起こすこともありますが、一般的にはその思いによって、自らを向上させることもできると言われています。

一方で恥の感情は非常に厄介です。自分自身の存在を丸ごと否定されたように感じるのです。同じく心理学辞典によると「恥は他人の視点を取り入れて自己に対する評価を行うことから生じる社会的感情である。他者からの評価が低く感じられる状況で、恥の意識が生じる」とされています。また、白川静博士は「はづ。はぢはその名詞形。自分の行為について、他に対して面目なく思う、人よりも劣るという意識をもつことをいう」としています。[5] 罪責感と似て非なるのは、他の評価が元になっているというところでしょう。実際に劣るという評価がなくても、本人が「笑われた」「劣っている」と自覚するだけで生じる感情です。

罪責感

ディーナーらは「恥の意識」と「罪責感」について次のようにまとめています。

●自分の行為とそれによって傷ついた人たちに注目する
●自分がしたことを不快に思う
●なぜ自分はあんなことをしたのかと自問する
●心の痛みはそれほど強くない
●悪い結果に対して自分には何かができると思う
●緊張感と後悔を覚える
●ダメージを修復し、償いをしたいと思う
●悪かったのは自分だと思っている

恥の意識

●自分という人間全体に注目する
●自分自身を不快に思う
●なぜ自分はあんなことをしたのかと自問する
●強い苦悩と欠陥意識にさいなまれる
●悪い結果に対して、自分は何もできないと思い込む
●身をすくめ、現実を避け、逃避したいと願う
●隠れたいと思い、それができないと（自分あるいは他者に対して）攻撃的になる
●他者を責める（スケープゴートを探す）

不登校の人たちの話を聞いていると、学校に行けない背景に強い恥の意識があるように思うことがあります。それについては次の章でもみていきましょう。罪悪感（過ち）からは、成長が生れますが、恥の意識からは周囲からの孤立と自他への攻撃性しか生まれません。失敗した人を辱めるのではなく、その人自身が気付いて罪悪感をもち、回心でき、やり直しができる社会だとよいですね。

③不安

三つ目のネガティブ感情は不安です。不安は太古の昔から生得的に人に備わった感情です。危険が迫っていると感じると、人は生存に関する脳の部分がはたらき始めて、逃げるか、闘うか、じっとしているかという判断をし、行動するようにプログラムされています。この判断はほとんど無意識下でなされています。詳しくは次章でみていきましょう。

「ポジティブ感情は思考と行動の幅を広げる」ということとは反対に、不安は思考と行動の幅を狭めます。そうすると何が起こるかというと、知覚が高まり、遠くまで見えたり、普段は見落としていることが見えたり、迫りくる危険の兆候を捉えやすくなることです。そうして、不安の強い人々は自分自身の不安を炭坑内のカナリアのような立場で活かすこともできるのです。次の五つの行動や心理的な状態を使って、自分ばかりか周りの人をも救う有用な対処ができることもあると言われています。

- ●恐れる
- ●ひどく驚く

●人に告げる
●偵察する
●そこから離れない

そういった有用な意味のあるネガティブ感情である「不安」についてディーナーらは次のような主張をしています。

不安をうまくコントロールして活かすには、

①不安が強い人の「危険を敏感に感じ取る特性」を治すべき神経症としてではなく、「心理的な強み」と捉える風潮を生み出すこと。

②問題点に耳を傾けることの大事さを常に人々に伝えること。リーダーは様々なタイプの強みについてもっと人に伝えていくようにしなければいけない。

③問題を発見して危険を事前に取り除くという行動は目立たないが、それがもっと評価されるインセンティブ（動機、誘因）構造を作る。

④脅威を今「存在する」か「存在しない」か、だけで考えてはいけない。脅威を芽のうちに発見することの重要性を考え、不安をもつことはいいことだという合意を作れば、もっと他のネガティブ感情についても楽に話し合えるようになる。

ネガティブ感情に焦点を当てて考えていくと、社会に浸透し、行き過ぎたポジティブネスの中で不安の強い人や恥の意識や罪責感で苦しむ人が（それはもしかして私かもしれないですが）、必要以上に苦悩を深める現代社会の構造が見えてきたように思います。第二波ポジティブ心理学のネガティブネスを含めて全体性を回復するという主張は今、必要なもののように思います。わたしも、「不登校・ひきこもり」の人のためのポジティブ心理学というテーマで書いていて、自分の書く内容がさらに当事者の苦悩を深めるメッセージにならないかと不安を持っています。この不安が有用であるようにと祈るばかりです。

ネガティブ・ケイパビリティとは

わたしは、新型コロナウィルス感染症第一波の二〇二〇年にこの言葉を知り、とても心に響きました。その年の九月に産業カウンセラーの人たちへポジティブ心理学講座を持つことになっていましたが、その当時の社会の状況を考えるなら、ポジティブなだけでは片手落ちになり、皆さんに受け止めていただける話になるだろうかと心配だったのです。それは全体性に欠けるのではないかと考えていたからです。その年は「ポジティブ子育て講座」と銘打った研修も、ある自治体で担当していました。どちらも前年から計画されてきたものでしたから、その一年前には、ポジティブ心理学をポジティブに紹介することに何の違和感もなかったのです。でも、ＣＯＶＩＤ‐19によるパンデミックとそれによる世界の大変動の中で、私自身も先行きが見えない不安を感じていましたし、新型コロナウィルス感染症の病気の実態を含め、よく分からなさがありました。その時出会った精神科医で作家でもある帚木蓬生さんの本が支えになりました。

ネガティブ・ケイパビリティという言葉はイギリスの夭折の詩人キーツが、死の直前に弟たちへの手紙の中で、初めて使ったそうです。詩人や作家が外界に対して有すべき能力として、キーツが敬愛するシェイクスピアに見出したのが「事実や理由をせっかちに求めず、不確実さや不思議さ、懐疑の中にいられる能力」だったのです。結核を患っていたキーツはイタリアへの転地療養も、もはや効果なく、一九八一年二月二三日イタリア到着後わずか四か月ほどで亡くなったのです。ネガティブ・ケイパビリティという言葉はその最後の頃に弟たちに書いた手紙の中に静かに埋もれていました。

ところがそれから一七〇年後、イギリスの精神分析医ウィルフレッド・ビオンが、『注意と解釈』[6]の中で、分析者が保持していなければならないのが「キーツのネガティブ・ケイパビリティである」と言い切ったのです。精神科医が患者との間で起こる現象や、受け止める言葉に対して同じ能力が要請されるというのです。「つまり、不可思議さ、神秘、疑念をそのまま持ち続け、性急な事実や理解を求めないという態度です」と帚木はまとめています。

ポジティブ心理学は、対照群を設定した実験を通して心理学上のあれこれがわかりやすく結論付けられていて、科学的といわれていますが、人の営みについての解釈に関する学問であることには違いありません。この本に書かれた内容も、性急な理解を求めず押し付けずで、部分的に分かっていることとして、受け止めてほしいです。私も及ばずながら「ネガティブ・ケイパビリティ」を保持し、早わかりしないでもいられるようになることを理想として追いかけていきたいです。コロナ禍初年度は、まさに世界中の人々が、そのような態度を持たざるを得ないときでもありました。

不登校の子のネガティブ・ケイパビリティ

同書の中で帚木は「不登校というのは、本人が選び取った避難所です。そこを追い立てるのは天災で避難所に逃げ込んだ人々を追い出すのと同じなのです。せっかくの避難所ですから、本人に折り合いがつくまでとどまってもらうのが一番です。そのうち空模様を見て出ていくかもしれませんし、ほかのもっと良い避難所を見つけて移っていくかもしれません。

このとき本人が発揮しているのは、まさしくネガティブ・ケイパビリティと言っていいでしょう。どうにもならない状況を耐えている姿です。

となれば、親も同じようにネガティブ・ケイパビリティを持つ必要があります。わが子が折り合いをつけて進む道を見出す時が来るまで、宙ぶらりんの日々を、不思議さと神秘さに興味津々の目を注ぎつつ、耐えていくべきです」と述べています[7]。

このような状態を表す言葉があり、ネガティブ（消極的、陰性などの意味もある）といえどもそれが能力だと言われると、ポジティブに受け止めることができるように思います。

【文献】

（1）小林正弥『ポジティブ心理学』講談社選書メチエ、二〇二一年
（2）トッド・カシュダン、ロバート・ビスワス＝ディーナー、高橋由紀子訳『ネガティブな感情が成功を呼ぶ』草思社、二〇一五年、二一六〜二一八頁

(3) 岸本早苗『自分を思いやるレッスン――マインドフル・セルフ・コンパッション入門』大和書房、二〇二一年
(4) 中島義明、子安増生、繁桝算男他『心理学辞典』有斐閣、一九九九年
(5) 白川静『新訂 字訓 普及版』平凡社、二〇〇七年
(6) ウィルフレッド・ルプレヒト・ビオン、福本 修訳『精神分析の方法Ⅱ』所収、法政大学出版局、二〇〇二年
(7) 帚木蓬生『ネガティブ・ケイパビリティ』朝日新聞出版、二〇一七年、一九五～一九六頁

第八章　「安全であると感じる」こと

前章ではネガティブな感情の持つ意味を考え、「ネガティブ・ケイパビリティ」という答えの出ない事態に耐える力についても考えました。本章ではネガティブを包み込んだ先にあるものとして、「安全」について考察します。併せて一章で言及した、「不動化する体」に関連して、ポリヴェーガル理論からも安全について、考察します。

そもそも安心と安全はどう違う?

安全とは、辞書をひも解くと「①安らかで危険のないこと。平穏無事。②もの事が損傷したり、危害を受けたりするおそれがないこと」[1]とされています。また、文部科学省科学技術・学術審議会の定義では、「安全とは、人とその共同体への損傷、並びに人、組織、公共の所有物に損害がないと客観的に判断されること」とされています。

一方で安心とは広辞苑では「心配・不安がなくて、心が安らぐこと。また、安らかなこと」「安心感は、安心できる感じ」と簡潔です。新明解国語辞典では「心配がなくなって、気持ちが落ち着く様」とあります。どちらの辞書とも不安や心配に関連して、それらのない様子を言うことが分かります。安全とは、他者や環境との関連で、損傷や危害の恐れのないことが中心の概念であることが分かります。

心理的安全性

ハーバード・ビジネススクール教授のエイミー・エドモンドソン博士によって提唱された「心理的安全性[2]」という言葉に注目が集まっています。ポジティブ心理学や産業メンタルヘルス分野の中でも、重要なトピックになっています。また、グーグル社でも研究され、現場におけるチーム研究の結果わかったことは、「だれがチームのメンバーであるか」ではなく「チームがどのように協力しているか」によって、チームの創造性や学習意欲が影響され、パフォーマンスが変わるということでした。「生産性の高いチームの一番の共通点は、心理的安全性」であると明らかにされました。現在は、心理学の場面以上に、産業界やビジネス・パーソンの研修などで用いられる言葉となっているようです[3]。

心理的安全性について、エドモンドソンは「チームにおいて自分の発言に対して他のメンバーが否定したり、罰を与えたりしないという確信をもっている状態であり、そのチームでは対人関係のなかでリスクのある行動をとったとしても安全であるという信念がメンバー間で共有された状態」と定義しました[4]。当時彼女は博士課程で「病院におけるミスとチームワークとの関係」を研究していました。「効果的なチームほどミスが少ない」という結果が出ると予想していたが、実際にはチームワークが良いと回答したチームほど、エラーが多く見られたと言います。データを詳細に分析すると優秀なチームほどミスをすすんで報告していることが分かったのです。それは、報告しても安全だと思えるからではないか、と仮説を立てました。その仮説を検証するために追跡調査を行ったところ、チームの心理的安全性にとって「チーム」ということが重要であるということが分かったのです。「集団レベルで起こるこの現象は、集団の学習姿勢を左右するものです。そのため、チームのパフォーマンス、ひいては組織のパフォーマンスに影響を与えるのです」と彼女は言います。エドモンドソンが説明してくれたように、安心感や意見を述べる意欲はたしかに個人のレベルでも感じたり経験したりするものですが、心理的安全性とは、個人の特性ではなく「集団の創発的な特性」というのです。そして心理的安全性があることのメリットを三点挙げています。

第一に心理的安全性によって、チームメンバーは自分の貢献が重要であると感じ、報復を恐れることなく発言できるため、エンゲージメントとやる気が向上する。

第二に、心理的安全性はより良い意思決定につながる。なぜなら、メンバーは意見や懸念を安心して口にすることができ、チームにおいて多様な見解に耳が傾けられ、検討されるようになるからである。

第三に、チームメンバーが互いの失敗を共有し、そこから学ぶことができるため、継続的な学習と改善の文化が育まれることである。

これらのメリットは、チームのパフォーマンス、イノベーション、創造性、レジリエンス、学習への影響などに活かされるとされています。

他にも、エドモンドソンの研究では「専門知識や職業による階層レベルの違いにより生じていた境界が心理的安全性によって低減され、各々が自分の立場を気にせずに互いの意見を主張し合うようになる結果、集団内の創造的なパフォーマンスが促進される」ことも示されています(5)。

また近年では、教育現場でも関心がもたれ(6)、教育機関を対象とした心理的安全性が及ぼす影響についての研究も行われています。日本の学校でも本当の意味で心理的安全性が確保されているなら、児童・生徒たちは学校で学ぶことで創造性を発揮して喜びと共に通学できるようになることでしょう。不登校事例が増える一方の今、心理的安全性について、学校教育の場面でも改めて考えたいことです。ちなみに今、ウェブ上で調べてみると、学校運営の立場や教師の安全性、学習効果の面からの言及はあるものの、真の意味で子どもが感じる安全性（失敗してもＯＫ、笑われたり、馬鹿にされたりしない環境）についての研究は少ないように感じました。

また、創造性やパフォーマンスの向上のためや、学習効果を上げるためのチームの安全性となると、多くの「不登校」や「ひきこもり」の人たちは、「自分には関係ないこと」と感じるかもしれません。第一義的に必要なのは、「〇〇のためにパフォーマンスを上げる」ではなく、そのチームの中にいて自身が安全と感じることができるかどうかなのではないでしょうか？

神経のレベルで考える「安全である」ということ――ポリヴェーガル理論から考える

一章でふれたポリヴェーガル理論については、詳しいことは知らないという方も多いのではないでしょうか。トラウマに関連する各種の療法家やセラピストの間で近年、急速に関心が高まっている理論です。提唱者は精神生理学者のスティーブン（ステファン）・ポージェス博士です。博士は大学院時代から精神生理学という新しい学問に取り組み、心臓の「心拍変動」について研究する中で、心臓を支配する自律神経の働きについて考察を深め、それが新しい理論として結実したのです。どこが新しく、この理論の有用性は何かをかいつまんでお伝え出来たら、「不登校」や「ひきこもり」と言われる人たちやその家族の自己理解を深め、「健康」「成長」「回復」の増進につながるのではないか、それが引いては博士が述べているように「クライアントが、幸福をもたらすような目的のために活用できるようになり、生きていくうえで柔軟性をもつことができるように[7]」なるのではないかと考えてこの章に採り上げます。

日本にポリヴェーガル理論を書籍として初めて紹介した津田真人氏は、当事者と療法家が互いに答えを知らず「問」を持ち寄って、「安全空間の中で自由に共同作業を進めるその只中に、〝答え〟が生れてきます」と述べています。[8] 日本では、「不登校・ひきこもり」当事者の多くは、セラピーの場にお出でになることはまだまだ少ないのではないかと考えています。だからこそ、この本はポリヴェーガル理論に関する案内書とまでは言えないけれども、ちょっと立ち寄って「こんな考え方がありますよ。興味があったら少しずつ触れていってください」とお知らせしたいのです。

ネガティブ・ケイパビリティのその先に、安全空間の中での共同作業による、新しくて自由な発想による何らかの答えが見えてくることを願っています。

こころと体を繋ぐ「神経」

「神経」とは一体何でしょう。私たちは「神経質」とか「無神経」という言葉は何度か耳にしています。「もっと神経つかって」と言われることもあるでしょう。「運動神経」「脳神経」と言われると何やら日常用語に近くなり分かったような気がしますが、「神経」とだけ言われると科学用語とは思うものの、一気に自分があやふやな理解であることに思い及びます。ウェブ上の辞書「ウィキペディア」によると、「神経（nerve）は、動物に見られる組織。情報伝達の役割を担う。日本語の「神経」は、杉田玄白らが解体新書を訳す際、神気と経脈を合わせた造語をあてたことが由来。これは現在の漢字圏でもそのまま使われている」ということです。

また、日本大百科全書（ニッポニカ）では、「多細胞動物に特有の器官で、身体のすべての器官の働きを連結・統御し、動物個体が有機的に生命を維持していくことができる系統をいう。神経系は身体内外から受けた刺激を感受し、それを興奮として中枢に伝え、中枢に生じた興奮を筋性および腺性《せんせい》器官に伝え、同時に諸器官の働きを調節するように働く刺激の伝導系である」と説明されています。神経とは、身体内外から受けた刺激の中には認知や思考などの心理的活動もあり、運動や内臓感覚などの身体的物理的刺激もあり、それらすべてを興奮として、脳や脊髄などの中枢（神経）に伝え、また中枢に生じた興奮を、身体の諸器官に伝え、同時に諸器官の働きを調整するようにはたらくものといえます。

自律神経の働き

役割や働き、活動部位などが違う神経系にはそれぞれ固有の名前がついています。それらの中でストレスやトラウマなどと関連が深いのが自律神経です。自律神経とは、生命維持のための神経です。血液の循環、呼吸、体温調節、消化、分泌、排泄など、基本的な生命活動を維持する機能を担っています。風邪をひいて一時的に高熱が出たとしても治れば平熱に下がることでもわかる通り、身体の状態を一定に保つ働きがあります。それをホメオスタシス（生体恒常性）と言います。一〇〇メートル走の後で脈が速くなっても、時間の経過とともに一定の速さに戻ります。それらの働きは自分の意志ではなく、非意識的に働くということから、自律神経とよばれています。

従来自律神経は交感神経と副交感神経の二種類があるとされていました。ところがポージェスは副交感神経の八〇％を占める迷走神経に、出所の違う二種類のものがあるということを見出したのです（一章参照）。ポリとは「多重」という意味です。ヴェーガルとは「迷走神経」という意味です。

脳と末梢器官との間では、神経を介した情報伝達と、血液を介したホルモンによる情報伝達が行われています。その前者の神経の一つに迷走神経があります。聞きなれない迷走神経という言葉に戸惑われた方のためにウェブ上の説明を引用します。

「迷走神経は、複雑な神経経路を形成してさまざまな末梢器官に広く分布しており、その様態が迷走という名前の由来となっています。迷走神経は、脳から末梢器官へ情報伝達する下行性の神経と、末梢器官から脳へ伝達する上行性の神経に大別されます。下行性の神経は、身体活動を鎮静化する方向に働く副交感神経によって主に構成され、脳からの情報伝達によりこの神経が活性化されると、血圧が低下したり、消化管運動が促進されたりします。また、空腹状態や炎症といった各器官で知覚される情報は、上行性の迷走神経を介して脳に伝達されます。近年、迷走神経はメンタルヘルスとの密接な関係性が明らかにされており、迷走神経の活動を整えることで、精神疾患症状が改善されることが示されています[9]」

進化の中で生まれた二種類の迷走神経の働き

ポージェスの説明によると迷走神経の機能は脊椎動物の進化に従って変化してきました。神経線維が鞘でおおわれていない無髄の迷走神経があります。刺激の電動速度は遅く、酸素もあまり使いません。もし生体に危険が及ぶときは、新陳代謝を減らし、酸素消費を減らし食欲を減らす「不動化」という戦略で生き延びます。今でいうなら亀のような姿を想像してみてください。危険に遭遇すると、手足首まで引っ込めてしまいますね。脊椎動物がさらに進化して、硬骨魚になると背骨に交感神経系が現れ、魚たちは群れを形成し統制した動きができるようになりました。その働きは「可動化」ということができます。危険になると防衛反応が起こります。逃げるか闘うかの反応が現れ、不動化の神経を抑制します。さらに哺乳類になると、迷走神経に変化が現れました。交感神経系の反応を抑制し（闘争／逃走反応を調整）、代謝の資源を保ち、ホメオスタシスのプロセスを最適化して、「社会的に交流」することにエネルギーを使うことができるようになったのです。この新しい迷走神経は有髄（神経細胞の軸索の周りを包み込む膜）で、電動速度も早く機能も違います。哺乳類に進化した段階で脳も大きくなり、酸素もたくさん使い、ただ交感神経系を使う危険への防衛反応だけでは成り立たなくなったのでしょう。哺乳類は、安全に不動化して授乳という育児をしなければなりませんから。そのために新しい有髄の迷走神経系は、社会的な交流を安全に行う機能と、落ちつくための機能も持ち合わせています。厳密にいえば、多くの神経系の協力によってそれらの神経の活動はなされていますから、古い無髄の神経系を、一章で説明したように背側迷走神経複合体とよびます。新しい有髄の迷走神経は腹側迷走神経複合体とよびます。ただ単純に「背側神経」「腹側神経」と言って説明を続けると、解剖学的には説明しきれなかったり、間違ったことをいったりすることになると津田は指摘しています。煩雑でも丁寧に理解していきたいですね。

自律神経の三つのモード

今まで述べてきたことを合わせてまとめます。繰り返しになりますが、図8‐1を参照しながら読み進めてください。従来、自律神経は交感神経（逃げるか闘うか）と副交感神経（リラックス・休息・睡眠・消化など）からなるといういわれ方をしていましたが、副交感神経の八〇％をしめる迷走神経をみると、二種類があることがポリヴェーガル理論によって指摘されたのです。

進化の順に、危険や脅威への防衛反応の種類が増えたと捉えることができます。無髄で発生的に古い方が、背側迷走神経複合体とよばれて、生体にとって、どうにもならない状況（生の脅威）では、動かないという戦略をとり、「不動化」というモードで対処します。古い脊椎動物の段階ではそれで十分だったのでしょう。逆に言えば背側迷走神経複合体の「不動化」がめざすのは「何ができなくても生命だけは維持しようという持続可能性であり、静穏といってもいいかもしれません」と津田

図8-1　自律神経の3つのシステム

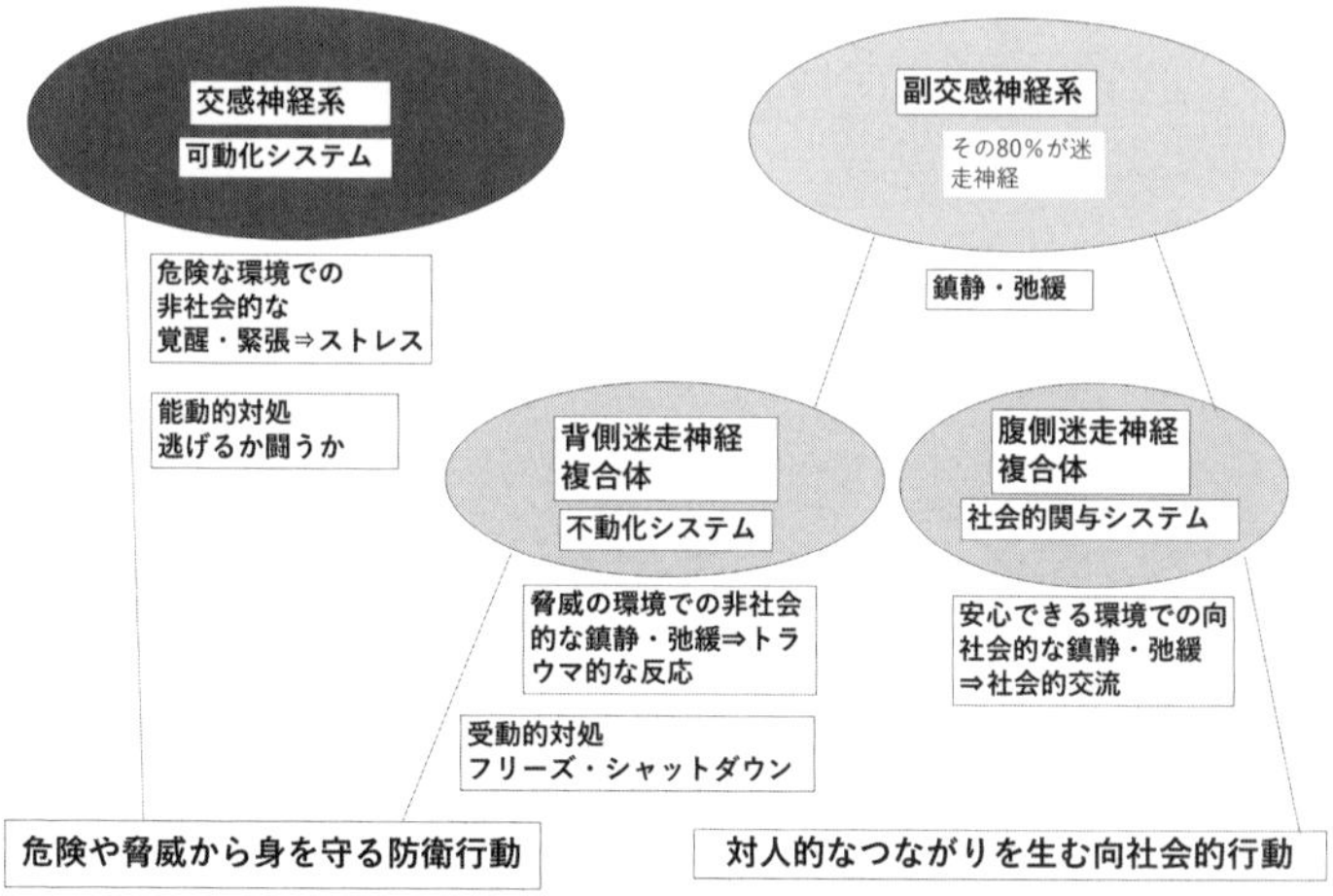

津田（2022、p117、p123）を参照して作成

は指摘しています。静穏の反対が「生の脅威」です。ここでは物理的な生の脅威はもちろん最重要ですが、高等哺乳類のわたしたちにとっては「社会的な生の脅威」も劣らず重要です。それは恥辱、孤立、疎外、無力感、被支配などであり、トラウマの問題を考える時にはこの観点から見ていくことで理解が深まります。物理的な生命の危機という出来事に遭遇しなくても、背側迷走神経複合体の働きによっては、トラウマ的な体の反応が起こるといいます。

　進化の次の段階で、相手や状況を危険とみれば、交感神経が働き「闘争／逃走」反応で「可動化」というモードで対処します。しかし、可動化を続けるのには大きなエネルギーがいります。従来言われてきたストレスの状態です。そのモードが長く続けば、健康に影響が出るほどになります。その次の段階では生体にとってさらに有利になるように、新しい腹側迷走神経複合体が働き「社会的関与、社会的交流」のシステムが活性化します。お互いに危険でないと知らせ合う活動とも言えます。これは哺乳類になってはじめて獲得されたものです。

これらのモードは、無意識というよりももっと深いレベルで、生命体が感じ取って、神経活動を切り替え、使い分けしているとポージェスはいいます。それらを感じとり、切り替えている働きをポージェスは「ニューロセプション」といっています。特にもっとも新しい腹側迷走神経複合体が働いて社会的交流ができるためには「安全」が何より大切であり、ニューロセプションが「安全」を感じなければ腹側迷走神経複合体の活性化は十分に行われなくなります。「不登校・ひきこもり」の人たちの現況は、社会的交流活動が少ない状況とみることができます。

「安全」であれば数々の奇跡が起こる

ポージェスは「もし、私たちの神経系が安全を察知することができたら、もう防衛的である必要はありません。防衛的でなければ、自律神経系の回路は「健康」「成長」「回復」を支持するようになります。……神経系にとっての最重要事項は私たちが「安全」であるということです。安全であれば数々のマジカルなことが起こります」と言っています。

無意識下で行われる環境内のリスクについての神経系による評価が、ニューロセプションというものです。どんな兆候をニューロセプションは安全と評価しているのでしょうか？　これについて津田はポージェスの意見を紹介して「腹側迷走神経複合体による社会的関与システム」にその秘密があると述べています。哺乳類は生まれた時から、「社会的関与」のシステムが働くようになっていて、顔の表情、頭の向き、発声と聴声、アイコンタクトなどの信号行動を通して、同種の生物同士の中で鎮静し弛緩することができるようになったというのです。それこそが「安全」であるということでもあります。安全な環境の中で人は、穏やかに落ち着いていられるというのです。そこに、つながり（絆）と交流を生み出し、マジカルなことが起きてくるといいます。

家族、学校、相談室のそれぞれの場で、安全をたがいに感じ合うことができるようになるといいですね。それには、柔らかい眼差しや、抑揚のあるおだやかな声、批判や否定のない言葉使いなど、当事者を取り巻く人々の自覚的な応答性が大切のように思います。今、あなたや私にできることとしては、二者関係の中で安全感を紡ぐことから始めることではないでしょうか。ニューロセプションは予測可能性を大切にします。いつもと同じような安定した呼吸、しぐさ、表情など非意識のもとで行われていることに自覚的でありたいです。まずは、親や教師、カウンセラーなどの支援者自身が、不登校やひきこもりの当事者と向き合う時に、自分自身の身体が社会的交流モードであり、相手との関係において安全であることを伝えているかどうか、自己の状態をしっかり意識していられることが大切と考えます。緻密で膨大な理論をかいつまんで「安全」についてだけ述べました。「ではどうしたらよいのか」という部分について述べる力も紙幅もないのですが、「安全こそ」がキーワードであることが伝わることを願っています。

【文献】

（1）新村 出編『広辞苑 第七版（普通版）』岩波書店、二〇一八年
（2）心理的安全性とは何か、生みの親エイミー・C・エドモンドソンに聞く エイミー・ギャロ、石原薫訳 https://dhbr.diamond.jp/articles/-/9408
（3）「効果的なチームとは何か」を知る https://rework.withgoogle.com/jp/guides/understanding-team-effectiveness/#introduction
（4）Edmondson, A.(1999). Psychological safety and learning behavior in work teams. Administrative Science Quarterly, Vol.44, No.2, pp354 エイミー・C・エドモンドソン、野津智子訳、村瀬俊朗解説『恐れのない組織』英治出版、二〇二一年
（5）エイミー・C・エドモンドソン、野津智子訳『チームが機能するとはどういうことか』英治出版、二〇一四年、二四九～二八三頁
（6）「心理的安全性」とは?【知っておきたい教育用語】https://kyoiku.sho.jp/162564/
（7）ステファン・W・ポージェス、花丘ちぐさ訳『ポリヴェーガル理論入門』春秋社、二〇一八年、一三四～一三五頁
（8）津田真人『ポリヴェーガル理論への誘い』星和書店、二〇二二年、二〇一～二〇五頁
（9）「健康用語の基礎知識」（ヤクルト中央研究所）より

第九章　愛情、そして希望―未来を語ること

ここまで、読み進めていただいてありがとうございます。「不登校、ひきこもり支援のためのポジティブ心理学」の最終章をＶＩＡ24の強みのなかから「愛情」と「希望」という観点から締めくくりたいと思います。

安全感のその先

ポリヴェーガル理論の「安全感」の先に見えるものについて少し追加して述べようと思います。生命の脅威（社会的な生命の脅威も含む）を神経のレベルで感じて、不動化して動けなくなるということを八章でお伝えしました。動けなくなった後、野生動物なら敵がいなくなったら直ちに回復します。ブルっと身震い一つして（体に蓄えられた逃げるためのエネルギーを解放して）、そのあとはのんびり餌を食みます。

人間は、社会的な動物ですから、敵が見えなくても環境の受け取りによっては「まだ脅威は続いている」と感じ取ることも多いのです。そうしますと、「恐怖による不動化」が長引くこともあります。

そこで大切なのが、自律神経（腹側迷走神経複合体のレベル）で感じとる安全感です。「背側迷走神経複合体もはたらいていて不動化している」が「腹側迷走神経複合体もはたらいて（安全感を得て）社会的な絆」を感じている状態（恐れのない不動化）、これをポージェスは「愛ＬＯＶＥ」と呼びました。[1]「安全な不動化」を一番イメージしやすいのは、お母さんが赤ちゃんを抱っこして授乳している時の、双方の状態です。このときはオキシトシンが分泌されています。オキシトシンは「環境が安全」であるときに分泌されるホルモンだそうです。背側迷走神経複合体がはたらいて不動化している場面で、安全を感じているなら、腹側迷走神経複合体の社会的交流システムも加わって「安全な不動化」を実現することができるといいます。ポージェスの言う「愛ＬＯＶＥ」は体のレベルで、神経のレベルで、そして二者関係の中で感じ取られるものです。

ボウルビイの愛着理論[2]が説明するように、人間の子どもは養育者との「愛着の絆」のもとで環境への探索活動を行い、危険を感じると安全基地である母（養育者）の元に戻り、安心・安全を得て再び探索活動を行います（表９‐１参照）。

そのような活動を通して、やがて母（養育者）が現実に目の前にいなくても、母との愛着はインターナル・ワーキング・モデル（内的作業モデル）としてその子の内面に保持され、社会性の源泉になっていきます。年齢が上がると子ども同士の触れ合いの中で「遊び」を通して、さらに社会的な活動を増やしていきます。学齢期に達して不登校やひきこもりの状態になることを、身の安全を保障する自律神経の反応としての「恐怖による不動化」と見ていく時、安全感の構築がなによりも

表9-1　愛着発達の4段階

特定の養育者への愛着（アタッチメント）の形成が最も大切
心理学では人との安心できる関係を築いて、自立する方向に歩み出すまでを含んだ概念。アタッチメントの元の意味は、くっつくこと、結びつき、絆など

第1段階　【生後3か月頃まで】

信号を発信して関わりを求め、関わり方によって、満足・不満や快・不快を感じる……次第に特定の保育者が最も重要な他者として特定されていく素地となる。応答性の良さが大切

第2段階　【生後3～6か月頃まで】

次第に特定の養育者（親・保育者）に対してだけ送信し、「母親」の抱っこや身体接触を求める。「母親」が特定の愛着対象として機能し始める
＊便宜上、特定の養育者を代表して母親という言葉で説明しているが、特定の他者は母親ばかりでなく、父親や保育者も入る

第3段階　【生後6か月～2、3歳頃まで】

「母親」の後追いを始める。分離不安や新奇性不安がある。一方で探索欲求も旺盛になる。「母親」を「安全基地」として、探索行動に乗り出す
＊新奇性不安：見知らぬ他者や新しい場面への不安

第4段階　【3歳以上】

今そこに居なくても、母親のイメージをもつことで　安心して遊んだり探索したりできるようになる。「内的母親」は、情緒の安定の元となる

大切と前章に書いたのはそういった意味からです。再度社会的な絆を編んでいく契機となるのは「恐れのない不動化である愛」で包まれることが何より大切と思います。保護者や支援者との愛着の絆が強められる中で、再び探索活動や遊びが行われて、その人らしい生活を獲得していくようになるのではないかと考えています。

もっとも、不登校ではあるが「不動化」はしていない人もたくさんいると思います。その人たちは学校には行かないが、学びも遊びも自分なりの方法で探索し、社会的な交流も実現していると思います。ネット上でも書籍でも情報がありますので、興味のある人は触れてみてください[3]。

強みとしての「愛情ＬＯＶＥ」

強みとしての「愛情」は、ＶＩＡ24の徳性の中では「人間性に関する強み」として分類されています。前章で書いたポリヴェーガル理論でいう「愛」も、強みとしての「愛情」も英語では「ＬＯＶＥ」です。翻訳語の問題ですが、それぞれの本で訳された日本語でお伝えしています。強みとしての愛情は、感情としての愛情ではなく、性格の強みとしての愛情であり、ピーターソンは「他人との親密な関係に価値を置き、特に共有したり思いやったりすることが双方報われる関係にある。人との距離が近い」ものと説明しています[4]。また、ライアン・ニーミックらは「一番親密で温かみのある関係にアプローチする方法のことであり、愛情とは相互関係で、愛する意欲と愛を受け入れようとする意欲の双方をさす」ものとしています[5]。もしあなたが、「愛情」を与えるだけで、愛情を受け取れないでいると、バランスが崩れ、やがて人に愛情が発揮できなくなることもあります。また自分に愛を向けないのも、「愛情」が発揮できないという意味で問題です。

自分自身に「愛情」を向けられないでいると、とてもしんどいですね。人からの愛情も熱望していても届かない心の状態かもしれません。もしかしたら、自分自身への愛情が感じられないせいで、あなたに向けられた愛情を受け取ることができないのかもしれません。どこに風穴をあけたらよいのでしょう。まずは、一緒に温かみのある時間を過ごすことを提案します。家庭でも学校でもセラピーの場でも「一緒」と「温かみ」をキーワードにして大切な人と時間を過ごしてください。それならできそうですね。次に「好きだよ」「大切だよ」と言葉に出して伝えること。日本人には、抵抗がある人もいらっしゃるかもしれません。でも大丈夫。人には言えなくても、自分自身に向けて、胸に手を置いてそっと呟いてみることはできるのではないでしょうか。

【事例　四〇代女性　沙智子さん】愛を向け、愛を受けとることの大切さ

不登校になっている高校生の娘さんと葛藤の多い暮らしをしている沙智子さんの主訴は「娘を愛することができない」ということ。娘さんの好きな歌手が出る番組やアニメなどを一緒に視聴する時間もとり、時には推しアイドルのライブ公演に同行もして、一生懸命寄り添おうとしているし、娘さんの健康を気遣って料理作りや身辺を整えることにも心を砕いている。十分に愛情をかけているように見えるが、自分の心の底から湧いてくる愛ではないと話す。そこで沙智子さんご自身の苦しみを問題として、絵に描いてもらい、話しながら問題を切り離す作業をするナラティヴ・セラピーを導入した。

沙智子さんが描いた絵は、やせ細った一人の人と、その体に絡みついて青々と葉を茂らせているヤドリギのようなもう一人の姿だった。二人の人が描かれているので、「どちらが沙智子さん？」と尋ねると「分からない」「では問題くんに名前をつけましょう。くんでもさんでもいいですよ」というと「分からないさん」とのこと。「いつから問題さんは沙智子さんと一緒なの？」とお尋ねすると「娘が生まれて以来」とのこと。よくよく聴くと、娘さんは切迫流産しそうになったので、帝王切開で生まれ、体重が少し足りずに三週間ほど保育器での養育を受けて退院後から沙智子さんが育ててきたとのこと。「よく泣く赤ちゃんでした。何が原因か分からず、いつもおろおろしていました」「それからずっとですね」「一生懸命考えて、しなければならないことをどうにかやっているんだけど、本当にそれが必要なのかも分かりません。可愛いと思う気持ちがあまりなくて、無理に子育てをしてきたのかな。分からないままに娘を苦しめている自覚はありました」「世間に認められる子育てをしなくちゃいけないと思うのだけど、今も学校に行きたがらない娘を無理にでも行かせた方が良いのか、もう休ませてあげて、無理なら通信制高校への転学でもよいと考えたほうが良いのか分からないのです」「あんまり分からなくて苦しくなると、娘に暴言を吐くこともあります」とのこと。次のセッションでは、とりあえず二人を分けた姿を描いてもらった。描きながら「ああ、この絡みついているのが私ね。そしてずっと昔はこれが私の母だったんだ！」と突然大きな声で言った。そこで語ったのは、沙智子さんのお母さんの事、幼少期の思い出。お母さんは、小さいころに母親を亡くしていて不安が強い人だったとのこと。沙智子さんの一番早期の記憶はお母さんに頼まれて近所のお店に買い物に行った記憶で、まだ三歳の頃の事。年子で生まれた妹の面倒を見るようにいつも言われていた。次から次にお母さんから指示されたお手伝いが本当は嫌だったことが語られる。庭に雑草が伸びていても、床の間に埃がたまっていても、「ああ、草が伸びてしまって大変だ」「廊下や床の間が埃になっている」と言いながら、草取りや雑巾がけを命じてくるとのこと。小学校二年の時には近所の人のお葬式に母の代理で参列したことも。「ああ、それがどんなに嫌だったか。でも断ったことはなかったです」

「今から思えば母の要求は何をしたら良いか、することは指示されていましたから、嫌でもなんとかやればよかったんだけど、娘の子育ては巻き付かれていた感がきつかったけど、何をしていいか分からなくて、可愛いと思う心の余裕も生まれなかったのですね。死なせちゃいけないとばかり思っていたから……。それが愛情だったのかしら」

そんなやりとりの後、やせ細った木のような人と、絡みついた木のような人を切り分けて二人の人間として絵を描き続けた。描きながら「やせ細っているのは娘だわ。私がこのからみ付いている木」「一人で立てないのね」「娘がいることでどうにか、立っていられる」「ああ、母もきっとそうだったんだ！」と声をあげた。そんなご自分と娘さん、そして今は亡きお母さんに代わる代わる気持ちを向けながら、心の中で自分に「大好きだよ」と声をかける練習をした。沙智子さんは静かに涙を流し続けていた。

ナラティヴ・セラピーは始まったばかりです。まだまだこれからも続きます。「愛情」を取り戻し、強みとして活かしていけるようになった、その先にどんな生活が展開していくか、彼女も楽しみにしています。

強みとしての「希望ＨＯＰＥ」

ＶＩＡ24の強みとしての「希望」は、「将来良いことがあるというポジティブな期待に関係し、楽観的に考えて、将来起こる良いことに焦点をあてて」いくものです。「希望を持つということは、ただ気分が良くなるだけでなく、実際に行動に繋がっていきます」とニーミックらは述べています[6]。でも、希望は、ただ信じたり願ったりすることとは違います。似たような言葉に「願いＷＩＳＨ」がありますが、願いは受け身になりやすく、ゴールへの手掛かりを得にくくさせます。今現在の自分ができることを見えなくさせます。希望が見いだせないように思える時でも、希望は困難や障害を認識することと隣り合わせにあるのです。困難の中にこそ希望の種が埋まっているのかもしれません。

残るのは希望だけ

わたしは若いころに「絶望こそが希望である」というフレーズに強く惹かれた時期がありました。当時、何に絶望していたかはよく覚えていないのです。そもそも絶望していたのかどうかも定かではありません。あがいていたことは確かです。「どんなに辛くても希望はあるよ」と勝手に読み替えて心の支えにしていたように思います。『絶望こそが希望である』[6]という本の著者ジョアンナ・

メイシーが主催する日本での集いに参加して、いじめられて死んでいった子どもたちへの「鎮魂とつながり」のワークショップを体験したことがあります。今から三〇年近くも前のことです。そのとき、絶望の中に希望を見つけられなかった子どもたちの命を身近に感じる体験をしました。その子どもたちの命とこのわたしの命が、地続きの存在であるという気づきがありました。それ以来、私は変わったと思います。当時学校の教師でしたが、「教え、育てること」ばかりでなく、「こころを癒す」ことも真剣に考えるようなりました。そして臨床心理学を学び、わたしなりの希望として、心理相談の道に進みました。この本を読む人たちにはぜひ、絶望の隣にある希望に気づいていただきたいと思います。

『夜と霧』に描かれた希望――未来に目を向けること

ずいぶん前に読んだ本ですが、とても心に残っていることがあります。四章でも紹介しましたが、フランクルの『夜と霧』に再び登場してもらいます。第二次世界大戦の頃、ヨーロッパで巻き起こったファシズムという全体主義（個人の自由や社会の自律性を認めず、国家全体の利害を優先し、全てを国家とその政党が支配し統制する政治形態）のもと、ナチスという政党の思想がドイツやオーストリアなどの国全体を支配していた流れがあり、ユダヤ人が迫害されました。多くの罪のないユダヤ人が強制収容所にとらわれて、強制的な労働をさせられたり、働けない人たちが死に追いやられたりした歴史がありました。以前に読んだ時に、「人には希望が必要」という思いが強く残ったものですから、ポジティブ心理学の徳性の強みとしての「希望」にリンクさせて最後に書きたいと考えていました。

今回読み返してみると、希望という言葉はほとんど出ていませんでした。希望ではなく、未来です。「生きていることにもう何にも期待が持てない」という仲間に、フランクルは「生きることは、彼らから何かを期待している。生きていれば未来に彼らを待っている何かがある」ということを伝えることに成功したと記しています。人間が生きることには意味がある。「生きることから何かを期待するのではなく、ひたすら生きることが、私たちに何を期待しているのか、生きる意味を問うことではなく、生きることが日々刻刻私たちに何かを問うてくるのだ」という言葉に出会うと粛然とします。(7)

それほどに厳しく生きることからくる問いに向かったことはないのです。でも、フランクルのような気高い精神に本の中で出会うととても勇気づけられます。希望を失いそうになる時に、まだ、この先に待っているものがあると思うことで、未来に向かう気持ちがかき立てられるのです。

好きなことに取り組む夢中な時間

最後に、一人の青年を紹介します。オリヒメ(OriHime)という分身ロボットのことはご存じでしょうか？このロボットは中にＡＩが入っているのではありません。遠くの自宅や病院にいる、病気やけがで動けない人が、少しだけ動く体の一部（視線や指先）などを使って、コンピューターから指令を出して、ロボットを操作しているのです。そのロボットたちが働く「分身ロボットカフェ」があります。ロボットの目を通してカフェの様子を見ることもできるし、お客さんと会話をすることもできます。お店や会議の場所で役割を果たすことができるし、人とつながることができるようになったと喜んでいる難病の人も多くいます。ロボットを使っている人たちはパイロットとよばれています。ロボットの開発者、吉藤オリィさんは絵本のあとがきで、「小学生のころ、不登校になって一番つらかったのは、「将来どうするんだ」と聞かれることでした。自分はいないほうがいいんじゃないかとも思っていたくらいだから、不安で考える余裕なんてないし、まして将来のことなんてわかりませんでした。その時どうしたかというと、ただひたすら好きな折り紙を折り続けていました」と述べています。[8] 一人で寝ていると「自分は誰からも必要とされていない」「この世界に自分の居場所なんてない」とまで思うようになり、深い孤独感が永遠に続くように思われることもあったそうです。それでも折り紙を折り続けて工夫を重ね、どんどん複雑な作品を作ることできるようになりました。作品を人にあげて喜ばれることを楽しみに、ただひたすら折り紙を折り続けていたということもあったそうです。一日に一五時間も折り続けていたこともあったそうです。

中学一年の時にたまたま、お母さんが「虫型ロボット競技大会」に参加の申し込みをしてくれました。それは虫型ロボットのプログラムを書き換えて改造したロボットで、ゴールまでの速さを競うものでした。そこで思いがけず優勝してからは、ロボット作りという目標もできました。やりたいことができたあとは、学校に行くこともできるようになったというのです。吉藤さんはその後、工業高校に入学し、車椅子の開発に取り組みます。その時の先生との出会いも素敵です。車椅子の開発から、障害のある人の思いを聞き、自分自身もかつてそうだった「孤独」の解消ということを人生のテーマとするようになり、「分身ロボットオリヒメ OriHime」の誕生につながっていったのです。

吉藤さんは「みなさんも夢中になれることを見つけてください。それがもし他の人に理解されなくても……あなたの好きなことを大事にしてください。そのことがあなたの人生を形作っていくのだと思います」と語っています。

興味を持たれた方は、本名で書かれた書籍[9]も読んでみてください。学校に行く行かないにかかわらず、夢中になれることを見つけて、そのことに一生懸命に取り組むことができたら、きっと充実した人生になることでしょう。

【文献】

（1）津田真人『「ポリヴェーガル理論」を読む』星和書店、二〇一九年。同『ポリヴェーガル理論への誘い』星和書店、二〇二二年

（2）ジョン・ボウルビイ、作田 勉監訳『ボウルビイ母子関係入門』星和書店、一九八一年

（3）おおたとしまさ『不登校でも学べる』集英社新書、二〇二二年

（4）クリストファー・ピーターソン、宇野カオリ訳『ポジティブ心理学入門』春秋社、二〇一二年、一五三頁

（5）ライアン・ニーミック、ロバート・マクグラス、松村亜里『強みの育て方「24の性格」診断であなたの人生を取り戻す』WAVE出版、二〇二一年、一六八頁

(6) ジョアンナ・R・メイシー、仙田典子訳『絶望こそが希望である』カタツムリ社、一九九二年

(7) ヴィクトール・E・フランクル、池田香代子訳『夜と霧 新版』みすず書房、二〇〇二年、一三三～一三四頁

(8) 吉藤オリィ、加藤悦子文『オリヒメ 人と人をつなぐ分身ロボット』子どもの未来社、二〇二三年

(9) 吉藤健太朗『「孤独」は消せる。』サンマーク出版、二〇一七年

おわりに

本書を最後までお読みいただき、本当にありがとうございます。筆者の想像力と筆力の及ばない面も多々あったことと思います。率直なご意見を寄せてください。今後に活かしたく思います。読者の方が心をいためるような表現がもしありましたら、心からお詫び申し上げます。

本文の中でも強調しましたが、この本を書いた趣旨は、ネガティブであってはいけないということではありません。ポジティブでありたいと願って、ネガティブな心情を否定して、むりやり認知を変えようとしてもなかなかうまくいくものでもありません。今現在の姿を認めつつ、自分の中に強みやレジリエンス（回復力）があるということに思いを寄せていただきたいと思います。

ポジティブ心理学の研修では、参加者の皆様と一緒にグループでのワークショップやエクササイズを通してポジティブネスを体験していただくことがあります。ただ言葉で知ること以上に、何よりも体験を通して学ぶことがその人のレジリエンスを鍛え、ウェルビーイングな生き方につながることになる、と私も研修講座の運営を通して学びました。

この本で興味を持ったことがもしありましたら、それをきっかけにさらに深く知るために、他の文献を読んだり、インターネットで学んだり、一歩外に出て人とつながる場面を探したりしてみてください。助けを求めることも、怖くなかったらやってみてください。何かやろうとして怖くなる方は、その怖さをテーマにして誰かに相談してみてください。あなたのまわりに安全感が生れますようにと祈っています。人とつながる一歩として、相談するということはとても大切なことと思います。

謝辞

まず、私が日々出会う多くのクライアント（相談者）さんに心からの感謝をお伝えしたいです。ありがとうございます。この本の事例は全て架空のものです。個人が特定されないように細部を変えていたり、複数の事例を一つの事例としてまとめていたりしています。想像力をもって創作したというよりは、日々の相談の中で、私の中に印象深く残った相談者の姿や言葉を再編集しています。一人一人の相談者さんの悩みや苦しみに敬意を表します。これからも、相談者の悩みや困りごとを真摯に受け止めることができるように研鑽を積んでいきたいです。皆さんの中にある資源（リソース）や強みに接し、未来を語り合うことが私自身の喜びと成長の素になっています。

次に、NPO法人認知行動カウンセリング研究会（通称カジュアルストレスケア・それいゆ：以下それいゆ）の仲間たちに感謝を届けます。本書に掲載した図版の多くは、「それいゆ」の活動の中で製作したものです。市民のためのストレス対処講座やポジティブ心理学、レジリエンスの講座などを共にしてきました。私はカウンセリングを学び始めた当時（二〇〇五年頃）、日本に導入されたばかりの認知行動療法（以下ＣＢＴ）を伊藤絵美先生から学びました。講座の中で認知再構成などの技法を学んでも、実際に使いこなすのは相当の訓練がいります。その時一緒に学んだ仲間たちと、「ＣＰＣ（ＣＢＴを学ぶ Peer Counseling）の会」を作って、毎月事例を通して実践練習をしていました。その会が発展してＮＰＯ法人となり、市民のための講座やワークショップを開くようになりました。ストレス講座から、レジリエンスの講座、ポジティブ心理学の講座と発展してきて、本書出版につながりました。思い起こせば、自分自身がカウンセラーとして立つための最初のステップを共にする仲間がいたことは、大きな支えでした。図版を本書に使うことについて快諾していただきありがとうございました。

次に、本文中に採り上げた「ポリヴェーガル理論」の部分に関して申し述べます。日本で初めての本格的なポリヴェーガル理論の解説書『「ポリヴェーガル理論」を読む――からだ・こころ・社会』の著者である津田真人先生に校閲をお願いしました。公認心理師であり、鍼・灸・マッサージ師をはじめ様々な身体技法のプロでいらっしゃる津田先生は、こころとからだの専門家であり、私のカウンセリングの上でのメンター、と勝手に思って尊敬申し上げています。初めてお会いしたのは、私がクライアントとして自然堂治療室・相談室を訪れた教員時代末期の頃でした。当時心身の調子を崩していて、「操体法」というキーワードで調べて、自然堂を知ったのでした。からだの治療とこころの相談が一緒にできるということに惹かれました。

その後、ＮＰＯ法人「それいゆ」の活動が始まり、市民対象のストレスケアの講座に、身体の技法として操体法の初歩を取り入れたワークショップの講師としてお招きしました。その当時、ストレスと言えば「闘うか逃げるか（Fight or Flight）」反応しか知らないでいましたが、津田先生は「三つ目のFがあるよ」と言って、ポリヴェーガル理論という言葉は使わないで、フリーズ（Freeze）反応について教えてくださいました。トラウマと関連が深いということもその当時に知ったことでした。まだ先に挙げた大著が世に出る前に、先生、手づくりの（印刷製本はしてありました）冊子を使っての、ポリヴェーガル理論の講座があることを教えていただいて、受講しました。ずいぶん前から学び始めていたのですが、心理的反応やトラウマについては関心があるものの、神経理論や解剖学になじみがなく、いつまでたっても、理解が中途半端なままでした。本書を書くときに、ストレス理論だけではなく、ポリヴェーガル理論を取り入れて「不登校・ひきこもり」の人たちのこころとからだのつながりを説明したいという思いは本文中に述べました。間違ったことだけは伝えてはいけないと思い、超お忙しい津田先生にご無理を言って校閲をお願いしました。こころから感謝申し上げます。

最後に、アルテの市村社長のあたたかく見守ってくださる姿勢に助けられました。筆が遅くお約束の期限までに原稿が間に合わないことの連続でした。再三ならず書き続けることをあきらめそうになりながら、最後までたどり着くことができたのは社長の見守りのおかげと思います。ありがとうございました。

そして、いくつものタスクに溺れそうになり、家のことが後回しになる私の日常生活を受け入れ、時間的・心理的なサポートをしてくれた家族に「ありがとう」を伝えます。

二〇二三年九月吉日

横内　弥生

◆著者

横内　弥生（よこうち　やよい）

愛媛県生まれ。東京学芸大学教育学部教育学科（国語科）卒業。公立小学校に40年間勤務（嘱託含む）。文京学院大学大学院人間学研究科心理学専攻（臨床心理コース）修了。臨床心理士、公認心理師。私設カウンセリングルームを開設し、運営している。また、児童精神科クリニックでもカウンセリングに当たっている。カウンセリングは、認知行動療法を中心に、ナラティヴ・セラピーやブリーフセラピーも取り入れて、子どもから若者、中年期・老年期の方まで幅広く対応している。労災病院のメンタルヘルスセンター勤務中にレジリエンスについて研究を始め、産業カウンセラーの研修や市民を対象にした、ストレスケアのための「レジリエンス講座」「ポジティブ心理学講座」の講師を務めてきた。2018年、マーティン・セリグマン来日の際の講座を受講し、ポジティブ心理学プラクティショナーとなる。共著に『障害とバリアフリー　いっしょに生きる子どもブックガイド』（かもがわ出版）。

不登校・ひきこもり支援のためのポジティブ心理学
――子どもや若者、そして保護者のウェルビーイングに向けて

2023年11月25日　第1刷発行

著　　者　横内　弥生
発 行 者　市村　敏明
発　　行　株式会社　アルテ
〒170-0013　東京都豊島区東池袋2-62-8
BIGオフィスプラザ池袋11F
TEL.03(6868)6812　FAX.03(6730)1379
http://www.arte-book.com
発　　売　株式会社　星雲社
（共同出版社・流通責任出版社）
〒112-0012　東京都文京区水道1-3-30
TEL.03(3868)3275　FAX.03(3868)6588
装　　丁　川嵜　俊明
印刷製本　シナノ書籍印刷株式会社

ISBN978-4-434-32571-7 C0011